生产性服务贸易与中国制造业全要素生产率

邱爱莲★著

辽宁人民出版社

图书在版编目（CIP）数据

生产性服务贸易与中国制造业全要素生产率 / 邱爱莲著. — 沈阳：辽宁人民出版社，2019.7
ISBN 978-7-205-09681-6

Ⅰ. ①生… Ⅱ. ①邱… Ⅲ. ①服务贸易－贸易发展－研究－中国②制造工业－全要素生产率－研究－中国
Ⅳ. ①F752.68 ②F426.4

中国版本图书馆 CIP 数据核字 (2019) 第 157177 号

出版发行：辽宁人民出版社
地址：沈阳市和平区十一纬路 25 号　邮编：110003
http://www.lnpph.com.cn
印　　刷：朝阳铁路印务有限公司
幅面尺寸：170mm × 240mm
印　　张：10.75
字　　数：180 千字
出版时间：2019 年 7 月第 1 版
印刷时间：2019 年 7 月第 1 次印刷
责任编辑：阎伟萍　孙　雯
装帧设计：留白文化
责任校对：赵　跃
书　　号：ISBN 978-7-205-09681-6
定　　价：48.00 元

前言

PREFACE

制造业是我国经济增长的发动机，其生产率的变动将直接影响我国整体经济增长的质量和速度。我国已经成为制造业大国，制成品出口额位列世界第一，但我国制造业的生产主要依靠的是物质的投入，与发达国家相比，生产率还比较低下，竞争力还需要进一步提升。而制造业竞争力的提升核心在于提升制造业的全要素生产率（TFP），但这又不能脱离生产性服务业的发展来单独实现，因为生产性服务主要是为制造业提供中间产品和服务，是其成本中的重要组成部分。但是在现阶段，我国生产性服务的发展无论是从数量上还是从质量上都跟不上制造业日益增长的需求，因此有必要就我国引进的生产性服务对制造业生产率产生的影响进行深入研究，探讨生产性服务贸易溢出效应是否对我国制造业生产率的全面提升产生了正面的影响，找出其影响机制及作用路径，这对我国制造业的产业升级和生产性服务业的发展是非常具有研究意义的。

本书研究的内容主要如下。

（一）在文献梳理的基础上，对生产性服务贸易溢出效应影响制造业全要素生产率的机理进行阐述，认为生产性服务贸易是通过贸易补充效应、贸易竞争效应、价值链分工效应、规模经济效应、人力资本效应和产业协同演进效应来对制造业全要素生产率的提升发生作用的。

（二）结合前人的研究成果，作者创造性地利用投入产出表，根据计算出来的数据，对生产性服务业进行了较为合理的分类，在一定程度上解决了生产性服务业和消费性服务业分离的难题。

（三）采用Fare构建的基于数据包络分析法（DEA）曼奎斯特指数（Malmquist Index）法测算了中国制造业全部30个分行业2001—2013年TFP的变化。发现在大部分的年份里大部分制造业的生产率是上升的，制造业的技术进步和技术效率的改善共同促进了中国制造业全要素生产率的提升，其中技术进步的作用较大一些。

（四）使用面板数据和STATA12就生产性服务贸易前向溢出效应对中国制造业全要素生产率的作用进行了实证分析。首先，从生产性服务贸易溢出效应对制造业整体TFP的影响角度进行研究，发现两种形式的生产性服务贸易对我国制造业TFP的影响程度、作用方式和产生作用的时效性等方面均存在异质性。其次，就生产性服务贸易溢出效应对制造业分行业全要素生产率的影响进行了研究，发现两种类型的生产性服务贸易对我国制造业大部分行业的TFP起到了显著的促进作用，两类形式的生产性服务贸易对我国制造业各分行业TFP的影响程度、作用方式和产生作用的时效性等方面既有共同点又有不同之处。最后，从生产性服务分行业贸易溢出效应对制造业TFP影响的角度进行分析，发现前者对后者的影响均存在一定程度的差异性。

（五）对生产性服务贸易溢出效应六大影响因素进行实证研究，发现大部分的影响因素都还没有达到能促进生产性服务贸易对制造业产生溢出效应的作用。

（六）根据现状分析和实证分析的结果，结合影响因素的表现，给出了发挥生产性服务贸易前向链接溢出效应，提升中国制造业全要素生产率的对策建议。

影响制造业全要素生产率的因素很多，本书的研究只是从其中的一个角度来进行的，因此研究中不可避免地存在局限和疏漏，请各位读者不吝赐教，对本书可能存在的谬误和不足之处多提宝贵意见和建议，作者将不胜感激。

本书是国家社科基金重大项目《构建开放型经济新体制的重点及基本框架

研究》（项目批准号：15ZDA056）和辽宁省教育厅项目《加大服务业开放力度促进辽宁制造业转型升级的对策研究》（项目批准号：W2015309）的阶段性研究成果，也获得了辽宁省社科基金项目《辽宁省生产性服务业集聚水平与集聚效率实证研究》（项目批准号：L18BJY028）、辽宁省社科联项目《辽宁省金融支持实体经济发展的有效性分析及政策创新研究》（项目批准号：2019lslktyb—026）和沈阳工业大学青年骨干教师基金的资助，对以上单位的资助表示感谢。同时，本书在写作过程中得到了众多师友、同事和家人的帮助，在此一并表示感谢。此外，本书参阅和借鉴了国内外众多学者的研究成果，特此向本书列明的参考文献的作者们表示衷心的感谢。

作者

2019 年 3 月

目录

CONTENTS

前 言

第一章 绪 论

第二章 相关研究进展及文献综述

第三章 生产性服务贸易溢出效应促进制造业生产率提升的机理

第四章 中国生产性服务业和制造业互动发展现状

第五章　生产性服务贸易前向溢出效应对中国制造业 TFP 影响的实证研究

第六章　影响生产性服务贸易对制造业 TFP 前向溢出效应的因素分析

第七章　结论及政策建议

参考文献

第一章 绪 论

第一节 研究背景

改革开放以来，我国经济的发展举世瞩目，成就斐然，成为全球增长最快的国家，2013 年成为世界上仅次于美国的第二大经济体，人均 GDP 也有了较大幅度的提升。但是考察一个国家的经济发展水平，不但要考察它的经济增长水平，还需要考察它的经济质量。中国经济已经经历了近 40 年的高速增长，经济形势已经发生了很大的变化，不仅经济增速明显下滑，经济的长期快速、粗放式的扩张已经带来了很多的环境和社会问题。因此，改变增长方式、提升经济增长的质量是我国一个长期的重大课题。而转变经济增长方式就必须依靠转变工业的增长方式来实现，因为我国已经是工业经济为主的国家，而工业的主体又是制造业，制造业是我国经济增长的发动机，所以，我国经济发展方式的转变必然离不开制造业的转型升级[①]。

根据卡尔多定律，GDP 增长与制造业产出增长高度正相关[②]，我国制造业对经济增长的作用也体现出了这一特征。自加入 WTO 以来，中国迅速成为世界制造大国和出口大国，2008 年之前，制造业增加值世界排名第一的一直是美国，而到了 2009 年，中国制造业的增加值世界占比上升到了 22.2%，而同期美国的

---

① 李晓青，宋治涛 . 国外服务业理论研究述评 [J]. 经济论坛，2010（8）.

② 卡尔多定律（Kaldor’s Growth Laws）是指英国剑桥学派经济学家尼古拉斯·卡尔多（Nicholas Kaldor）1966 年提出的工业经济增长的三个规律：一是 GDP 增长与制造业产出增长高度正相关，不仅是因为从定义上讲制造业产出就是 GDP 的组成部分，还因为制造业的生产特征使制造业增长与 GDP 的增长之间存在因果关系；二是由于规模报酬递增的缘故，制造业劳动生产率增长与制造业产出增长存在高度正相关关系；三是整个经济中的劳动生产率增长与非制造业部门的就业增长率之间存在负相关关系，因为大多数非制造业活动受制于收益递减。卡尔多对服务业发展的看法是消极的。

制造业增加值则下降到了 18.4%。2010 年我国制造业的规模继续扩大，在全球制造业产值中的比重上升为 19.8%，以领先美国 0.4 个百分点的优势，跃居世界首位①，制造业已经成为中国最重要的产业，为国民经济的发展做出了重要的贡献。但是在世界各国经济深度融合的今天，我国制造业面临着各种各样的问题，发展已经遇到了瓶颈，这些问题不仅来源于国内，世界经济形势的变化也带来了极大的冲击和挑战。目前，我国制造业面临的问题主要有以下三个方面。

一、世界经济发展速度放缓导致外需增长乏力

由于我国制造业在需求层面严重依赖外需，特别是依赖欧美市场的需求。近年来，由于次贷金融危机和经济危机对欧美经济体的持续冲击，国际市场环境发生很大的改变，欧美市场的需求受到了很大的影响，因此对我国制造业的增长也产生了深远的影响，这些影响主要表现在以下两个方面。

（一）危机的持续影响使制造业外需不振

亚洲地区生产链条的形成在很大程度上是受欧美需求的主导，在这一链条上，中国处于最终的加工和组装环节，是对欧美市场出口的重要平台。因此，制成品对欧美市场的出口能否持续增长，就成为制约我国制造业增长的关键因素。20 世纪 90 年代中期以来，我国制成品出口到美国的份额不断提高，特别是到了 21 世纪以后，我国对美国制成品出口发展更是迅猛，在美国进口的制成品中来自中国的占比从 2000 年的 5.5% 增至 2012 年的 22.3%，一跃成为美国制成品最大的进口来源国。欧盟市场对我国制造业的发展也是举足轻重，在全世界对欧盟的制成品出口中，中国所占的比重从 2000 年的 2.1% 上升至 2012 年的 8.4%，增加了 6.3%。因此，对欧美市场的制成品出口能否顺利增长，就成为制约我国制造业发展的重要因素②。所以，欧美市场总需求增长速度的下降意味着我国制成品外需的大幅下降，这必然会影响到我国制成品出口贸易的增长。

当前，世界经济复苏艰难曲折，可能进入中低速增长期，国际金融危机

① 李鹏飞 . 后危机时代中国制造业的转型和升级 [D]. 硕士学位论文，上海外国语大学，2014.

② 于春海 . 我国制造业增长的外部条件是否发生了变化？ [J]. 国际贸易，2014（2）:20-24.

的深层次影响还在持续，世界经济在较长时间内将继续处于调整和再平衡的阶段。尽管2010年以后世界经济复苏状况好于专家们的预期，但欧美等发达国家失业率持续居高不下，消费者信心恢复迟缓，欧洲主权债务危机使欧洲各国经济复苏明显受阻，加大了世界经济复苏的不确定性。世界经济增长的内生动力不足，信贷增长乏力，财政状况恶化，新的经济增长点尚未形成，经济增长能力受到制约，支撑我国制成品出口增长的外部需求力量疲弱。

（二）欧美“再工业化”浪潮的兴起使制造业面临的外部竞争加剧

所谓的“再工业化”是指要重新重视和发展工业，改造、提升现有工业和发展新工业的过程，是近几年西方国家为了应对经济危机和降低失业率而提出的战略。2003年，美国劳工联合会发布了《复兴美国制造业》的报告，指出制造业是美国生产率提高和经济增长的重要力量。2009年11月，奥巴马在一场演说中指出，美国经济要转向出口推动和制造业推动的成长模式[①]。2011年12月美国宣布创设白宫制造业政策办公室，以协调部门之间制造业产业政策的制定和执行，来推动美国制造业的复苏和出口。与此同时，美国整个政府管理体系也进行了相应的变革[②]。所有这些举措都促进了美国制造业从海外的回归，根据埃森哲的调查报告显示，已经有很多大制造商开始将海外工厂搬迁回了美国，相应的，美国制造业的产值在其经济中的地位也开始出现了回升的态势。和美国一样，欧洲各国也纷纷制定了制造业回归的措施，包括进行战略规划、采取倾斜性政策、提供资金补贴等。重点发展出口制造行业和高科技制造业，同时扶持钢铁、汽车等传统产业。如法国政府筹资2亿欧元直接向制造企业发放“再工业化”援助资金，英国政府则出台了“制造业振兴”和“促进高端工程制造业”等政策。这些举措同样也促进了欧洲制造业的回归，如德国Steff公司从中国撤回长毛绒玩具厂等案例。

虽然目前欧美“再工业化”的效果尚不明显，但随着这些欧美国家促进制造业发展的相关政策的逐步落实和完善，其后续影响将逐步显现，必将在全球

---

① 来源：百企搜生意经 2012-02-13. 作者：飞天麒麟.

② 来源：中国经营网. 高度关注美国再工业化. 2011-12-15.

开启一场新的制造业竞争浪潮，加大我国与欧美同业竞争的难度[①]。

二、环境和成本问题凸显

（一）环境和资源约束加大使生产方式急须转变

“先污染，后治理”的经济发展模式在支撑中国经济快速增长的同时，也导致了能源的大量消耗和污染物排放量的急剧上升，使我国面临的资源和环境问题日益严峻。我国能源消费总量持续高于生产能力，2011 年中国一次能源消费总量已经超过美国，成为世界第一大能源消费国[②]。而且中国的能源消费还在持续增长，年均增速在5%—6%[③]，这必将导致中国内部的能源资源紧缺的局面，相应的污染物排放量也将远超过我国的环境承载能力。而且，按照目前的经济发展态势，我国对能源的需求总量仍然会继续增长，根据国际能源署的预测，到 2020 年中国石油对外依存度将达到 68%，2030 年将达到 74%。这种依靠大量消耗资源来支撑经济发展的方式是难以为继的，同时由于国际社会对中国在全球资源和环境问题治理方面的期望越来越高，世界各国纷纷对我国施加环境保护压力，这些都给中国在发展经济的同时还要实现节能减排的目标带来极大的挑战[④]。

（二）要素价格高涨和人民币的升值使成本优势渐失

低价是我国参与国际竞争的重要优势，中国丰富廉价的劳动力和其他生产要素长期以来为我国维持低价的竞争优势做出了重要贡献，但随着工资和物价水平的不断上涨以及人民币汇率的不断攀升，我国的这种竞争优势正在慢慢消失。

1. 生产要素价格猛涨使人口和资源红利渐失

中国的劳动力丰富，这样的要素禀赋结构决定了劳动密集型制造业在今后

---

① 宾建成．欧美再工业化趋势分析及政策建议 [J]. 国际贸易，2011（2）：23-25.

② 在 2012 年 5 月 25 日召开的“2012 中美清洁能源论坛”上，国家能源局原局长张国宝公开表示，近年来我国能源消费增长较快，2011 年的一次能源消费总量已超过美国。

③ 根据 2000—2011 年全国能源消费总量数据计算，其中 2000—2010 年全国能源消费总量数据来自《中国统计年鉴 2011》，2011 年数据来自《2011 国民经济和社会发展统计公报》。

④ 李善同，吴三忙，何建武，刘明．入市 10 年中国经济发展回顾及前景展望 [J]. 北京理工大学学报（社会科学版），2012（6）：1-7.

的一段时间里仍将占据重要地位。但是，近年来中国制造业从业人员的平均工资在全世界是增长速度最快的，中国的“人口红利”正在逐渐消失，使我国制造业的生产在劳动力成本方面已经开始慢慢丧失其原有的比较优势。同时，我国和世界各国自然资源的价格也在不断地攀升，造成制造业单位产品成本的持续上升，产品的国际竞争力也随之下降，制造业的发展受到严重制约。

2. 人民币不断升值影响到中国制造业的国际竞争力

从 1994 年开始，人民币不断升值，尤其是从 2005 年人民币汇率制度改革以后，美元兑人民币的汇率从 2005 年 819.7 元下降到 2013 年的 631.32 元，人民币汇率上涨了 22.98%（见图 1–1）。这严重影响到了中国制成品在国际市场上的价格优势，冲击到我国制造业的国际竞争力，也使中国作为“世界工厂”的地位受到其他劳动力更为低廉、自然资源更为丰富的发展中国家的强力冲击。而且，随着我国世界经济地位的不断提升，人民币必然会呈不断升值的趋势，要想利用人民币对外贬值来扩大出口已经是不太现实的事，因此我国制造业面临的成本上升的压力也将会越来越大。

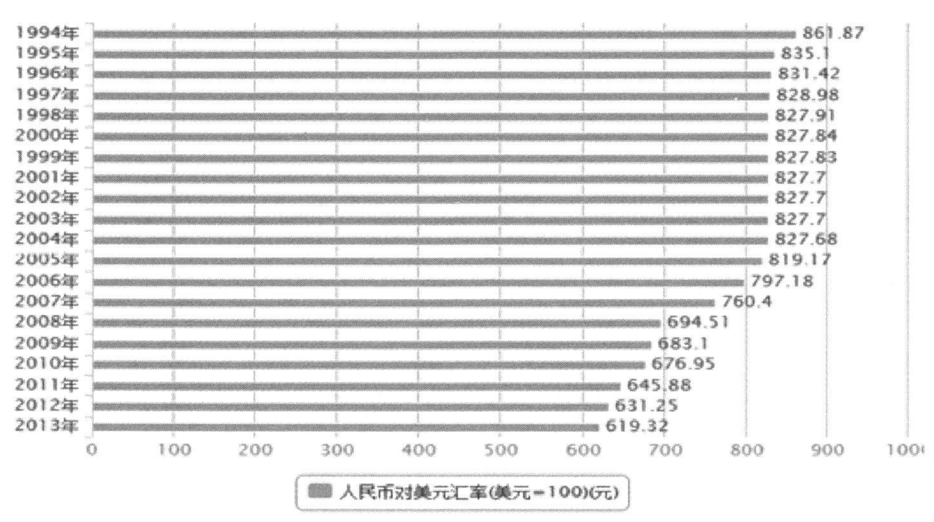

图 1–1 人民币汇率变化图

三、生产性服务业和生产性服务贸易对制造业的支撑不足

制造业转型升级的重点在于技术进步、技术效率和资源配置效率的提升，

亦即这个目标必须依靠推动中国制造业全要素生产率的提升来实现，而这个目标的实现离不开生产性服务业的发展，因为作为制造业中间投入的生产性服务是制造业实现价值增值和生产率提升的关键因素。进入 20 世纪 80 年代以后，服务业和制造业出现深度融合的趋势，服务业和制造业的边界日益模糊，服务消费成为经济社会发展的动力源泉，全球经济进入服务主导的阶段。目前，发达国家的经济结构已经基本服务化，第三产业对经济发展的推动和带动作用开始受到各国政府的重视，在国民经济中的地位不断提升，成为衡量一个国家或地区经济发展水平的重要指标，对世界经济体系的运行产生了重大影响。但我国的服务业还不发达，仍然存在着各种各样的问题。

（一）中国生产性服务业发展水平低

我国服务业发展滞后，在三次产业中的比重依然较低，对国民经济发展的贡献率不高[①]；中国服务业的增加值在国民经济中的比重不仅与发达经济体差距大，也明显低于同等收入水平的大部分国家；跟不上我国的工业化进程，出现了“经济服务化悖论”的现象（霍景东、黄群慧，2012）。在产业结构不断调整与升级的过程中，制造业与服务业的互动体现得越来越明显，制造业与服务业间存在着长期动态联系，但两者间的良性互动尚未形成。制造业对服务业的依存程度较低，这不仅抑制了服务业的发展，同时也影响了制造业附加值的实现和竞争力的提升（殷凤，2011）[②]。作为服务业的一部分，我国的生产性服务业与制造业的关系同样存在上述问题，而且虽然近年来我国的生产性服务发展很迅速，但仍然落后于消费性服务，对制造业的支撑作用还极为有限。

（二）生产性服务跨境贸易的发展落后

基于服务业在经济中的重要性，很多国家尤其是发达国家都很重视服务贸易，特别是生产性服务贸易的发展。以欧美为代表的发达国家的生产性服务贸易比较先进，为其国内工业的发展提供了强有力的支撑。但在我国，服务贸易滞后于货物贸易的发展，服务贸易的主体又是消费性服务贸易而不是生产性服

① 产业贡献率指各产业增加值增量与 GDP 增量之比。

② 殷凤．中国制造业与服务业双向溢出效应的实证分析 [J]. 上海大学学报（社会科学版），2011（1）：91-101.

务贸易，这种情况严重制约了服务贸易技术溢出效应的发挥，极大地抑制了其对中国制造业生产率提升的促进作用①。

（三）生产性服务 FDI 的规模小

加入 WTO 后，我国在服务业领域的招商引资不断发展，但是总体规模仍然偏小。生产性服务业实际利用 FDI 的规模也取得了长足的发展，比重稳步上升，但是就全国FDI总额来说，生产性服务业FDI绝对规模偏小②。这充分说明我国服务业尤其是生产性服务业利用的外资还比较少。另外，在利用外资的行业结构上也缺乏合理性。其中，传统的生产性服务业如交通运输、仓储和邮政业以及租赁和商务服务业增长稳定，发展较好，超过了生产性服务业 FDI 总额的一半，其余新兴的现代服务业的 FDI 比重则相对较少。

第二节 研究的目的意义

一、研究目的

无论是从产值、增加值、出口，还是从就业拉动等方面看，制造业目前依然是中国最重要的产业，中国作为新兴工业化国家，在当前以及今后的相当长一段时间内无疑还需要依靠制造业的大力发展来带动整体经济的前行。在目前复杂的国际、国内形势下，我国制造业面临的转型升级压力空前巨大。在全球化日益深化的今天，服务贸易也已经发展成为推动各国经济发展的重要力量，同样，中国制造业的发展也离不开服务贸易的支撑。我国服务业在迅猛发展的同时，和欧美等发达国家相比，总量还很小，地位还无法与制造业的庞大规模相匹配；质量还很低，知识密集型和技术密集型服务比重小，无法满足制造业对高级生产性服务要素投入的日益增长的巨大需求。因此，在目前我国服务业发展滞后，还不能充分满足制造业对其需求的情况下，研究生产性服务的进口贸易（包括跨境交易和商业存在）对中国制造业全要素生产率的影响，是非常

① 蒙英华，黄宁 . 中美服务贸易与制造业效率——基于行业面板数据的考察 [J]. 财贸经济,2010(12):96-103.

② 该部分数据根据各年《中国统计年鉴》数据计算得来。

具有理论和现实意义的。

二、研究意义

（一）理论意义

目前，学术界对服务业与经济发展的关系的研究较多，对服务贸易与制造业生产率关系的研究非常少，对生产性服务贸易溢出效应与制造业生产率关系的相关研究更是鲜有涉及。因此，本书研究的理论意义在于：

1. 由于本课题的研究基础是制造业和服务业两大产业的互动，因此对产业分工和融合理论的深入研究具有一定的意义。

2. 研究服务贸易溢出效应对制造业生产率的影响，有利于丰富经济增长理论的内容。

3. 与货物贸易只具有跨境交付一种提供模式不同，服务贸易有跨境交付、境外消费、商业存在和自然人流动四种提供模式。这四种模式又可以分成两类：一类是跨境贸易，包括跨境交付、境外消费和自然人流动三种提供模式（相应的数据在国际收支平衡表即 BOP 中体现）；另一类是商业存在（对应模式 3），一般用服务业 FDI 来代替表示（由于大部分的国家都没有外国在本国设立的服务企业相应的产值统计，即 FATS 对应的数据，所以这部分的数据一般都用跨国直接投资的数据来替代表示），所有这些服务贸易方式都会对制造业全要素生产率产生影响。而现有的研究都是分别从一种类型的角度来进行的，即要么是从跨境交易的角度进行，要么是从商业存在的角度对服务贸易的影响进行的，而这种做法必然会大大低估服务贸易的作用。因此，作者试图将两类服务贸易纳入一个体系来研究生产性服务贸易对中国制造业全要素生产率提升的影响，能够为以后的研究提供一种更全面的模式，以便为服务贸易政策的制定和制造业企业选择合适的服务外包策略提供理论依据，从而丰富服务贸易相关理论研究的内容。

（二）现实意义

由于中国制造业面临着种种的问题，因此，研究如何利用生产性服务进口贸易来提升中国制造业全要素生产率的问题具有如下的现实意义：

1. 可以减少我国的国际贸易摩擦并缓解日益严峻的资源和环境压力

长期粗放型的出口贸易模式，在货物贸易领域给我国带来了巨额的贸易顺差，制造业的出口又是我国货物出口贸易的最大组成部分，是引发我国对外贸易摩擦的重要原因。而服务贸易进口的扩大，一方面可以消化掉一部分出口赚得的外汇收入，减少和一些国家的贸易纠纷。同时，在全球环境形势日益严峻的今天，这个问题的研究将有助于我国履行各种环境协议，缓解所面临的国际环保压力，同时为我国的环境保护做出贡献。

2. 能够促进制造业升级，推动“中国制造”向“中国创造”的转型

随着支撑我国经济发展的劳动力低价格比较优势和资源环境要素优势的逐渐丧失，我国制造国际竞争力受到极大的挑战，转型升级迫在眉睫。因此，深入研究生产性进口贸易对制造业生产率的影响问题，对提升制造业的生产率、促进我国制造业的战略转型具有重要意义。另外，生产性服务业的发展对增强我国制造业的自主创新能力、把我国从“制造大国”变成“制造强国”具有重大意义，因为在现代工业和制造业的发展过程中，研发、营销等生产性服务业成分已经融入了其价值链的各个环节，对促进企业技术进步和创新产生了直接的作用。因此，大力发展生产性服务贸易有利于我国制造业国际竞争力的提升，使其能够上升到国际产业链的中高端环节，并且在参与国际分工和交换中获得更大的利益。

3. 有利于促进我国服务业的发展

我国生产性服务业的各个门类都较为薄弱，结构不够合理，造成我国服务业整体竞争力的低下，使我国形成了主要依靠工业带动和数量扩张的粗放式经济增长的局面。而要想改变这种局面就必须大力发展服务业，只有更快地发展生产性服务业才能促进我国服务业整体产业结构的优化升级。通过加快发展生产性服务贸易，可以从供给和需求两个方面促进我国生产性服务业的结构调整和产业结构的优化升级：一是通过生产性服务贸易可以引进质优价廉的服务产品来推动服务业供给总量的增加和结构的优化；二是有利于推动制造业与生产性服务业的进一步分离，从而促进其对生产性服务产生更多的需求，推动生产性服务业专业化水平的进一步提升，推动我国生产性服务业的发展。

因此，如何通过发展生产性服务贸易来促进我国制造业和生产性服务业的分工与融合，使制造业各个价值链环节都可以以更加有效的方式进行生产，最终促进制造业价值链生产率的全面提升，从而形成两业发展的良性循环，是具有重大而深远的现实意义的。

第三节 研究方法

（一）文献研究法

作者首先通过对国内外相关的研究进行分析和归纳，借此找出以往研究中存在的问题，为本书找到新的研究方向和切入点。然后，通过对以往文献的梳理，找出生产性服务贸易促进制造业生产率提升的理论依据，作为本书研究的基础。同时，本书在实证分析部分也是以以往文献资料为参考依据进行的，在对实证结果进行深入分析和解释的过程中，也引用了大量的文献资料作为相关论点的佐证。

（二）理论演绎法

本书在分析生产性服务贸易溢出效应与制造业生产率提升的关系中，运用理论分析方法，从经济学逻辑角度详细阐述了生产性服务贸易是如何通过贸易补充效应、贸易竞争效应、价值链分工效应、规模经济效应、人力资本效应和产业协同演进效应来对制造业全要素生产率的提升发生作用的。

（三）比较分析法

本书在分析的过程中多次用到了对比分析的方法，分别从国别的角度、产业的角度、行业的角度和时间的角度进行了对比研究，并运用大量的图和表将各种对比的结果加以展示，从而可以清晰地观察到制造业和生产性服务贸易等观察对象相关指标的特征、变化规律和变化趋势，以便于更清楚地阐述相关的问题，更清晰地揭示出问题的所在，并使得出的结论更具有可比性和说服力。在实证分析的过程中，同样也大量地采用了对比分析的方法，以期发现相关问题之间的区别和联系，为后面的对策建议提供可靠的依据。

（四）实证分析法

为了得到更加客观可靠的结论，本书收集了多年的、大量的行业历史数据，定量实证分析了中国生产性服务业、生产性服务贸易、制造业、制造业和生产性服务业融合发展等问题的现状以及各自在发展过程中存在的问题。其中，在研究制造业和生产性服务业融合发展问题的时候采用了投入产出法，使用了影响力系数、感应度系数、融合度、中间使用率和中间需求率等指标来进行测算；在计算制造业全要素生产率的时候，使用了数据包络分析法（DEA）。在分析生产性服务贸易溢出效应对制造业 TFP 的影响时，更是借助于 stata12.0 计量软件，采用面板固定效应模型（Panel Fixed model）和面板随机效应模型（Panel Fixed model）等估计方法，以求得到更为科学准确的实证结论。在对溢出效应影响因素的研究过程中，同样也进行了相应的回归分析。

第四节 结构安排

（一）研究思路

首先，对我国生产性服务业和生产性服务贸易的现状进行研究，找出其发展过程中暴露出的问题；其次，对中国制造业和生产性服务业融合发展的情况进行研究，找到两业融合发展过程中的问题和不足；再次，从整体和分行业的角度分别对生产性服务贸易前向溢出效应对我国制造业全要素生产率的影响进行实证研究，找到整体和分行业影响的共性特征和不同之处；然后，对影响生产性服务贸易溢出效应的因素进行实证研究；最后，给出相应的对策建议。本书的结构框架和研究路线详见图 1-2。

（二）研究的主要内容

根据上面的研究思路和框架，本书将研究的主要内容分成七章，每一章的主要内容如下。

第一章：绪论。通过对研究背景的表述，指出本书研究的目的和意义所在。

第二章：相关研究进展及文献综述。主要回顾相关问题的研究，包括对生

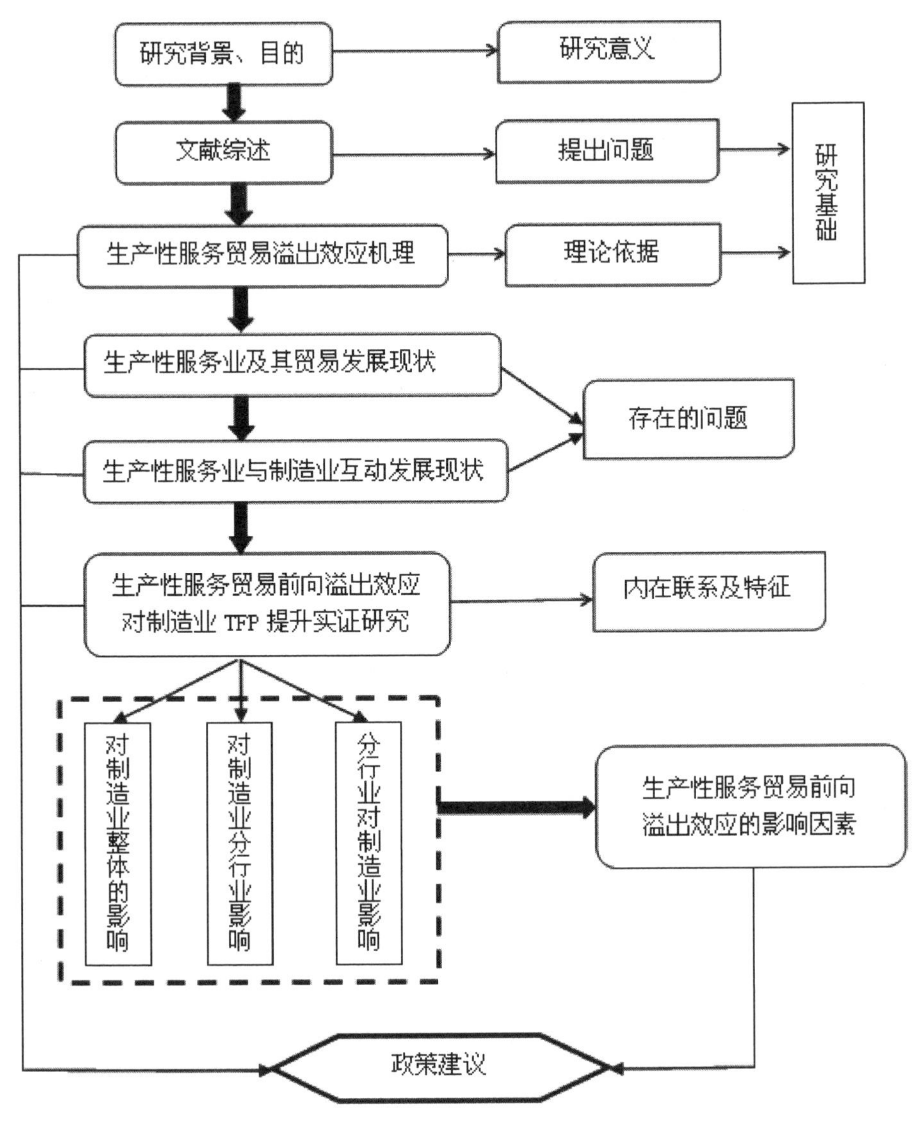

图 1-2　结构框架和研究路线图

产性服务业和生产性服务贸易的界定、生产性服务贸易溢出效应与制造业生产率的关系等研究的进展。通过这些回顾，在理清服务贸易溢出效应研究发展脉络的同时，对当前的主要研究方法和不足进行总结，以期在后面的分析中做出改进。

第三章：生产性服务贸易溢出效应促进制造业生产率提升的机理。在文献梳理的基础上，对生产性服务贸易溢出效应影响制造业全要素生产率的理论基础和溢出机制进行阐述，以找出本书研究的理论依据和基础。通过研究发现，将经济增长理论和国际贸易理论作为生产性服务贸易溢出效应影响制造业全要素生产率的理论基础较为合适。本书从贸易补充效应、贸易竞争效应、价值链分工效应、规模经济效应、人力资本效应和产业协同演进效应几个角度来对生产性服务贸易溢出效应影响制造业全要素生产率的机制进行了阐述。

第四章：中国生产性服务业和制造业互动发展现状。制造业是一国经济的“发动机”，而生产性服务业则是经济发展的“黏合剂”，两者的协同发展才能推动一国经济的良性运转。中国制造业和生产性服务业发展现状如何，各自在国民经济中的地位怎样以及两者的互动发展存在哪些问题，这些都是本章将要探讨的问题。本章首先对中国生产性服务业和生产性服务贸易的发展现状进行了研究，因为这两者的发展状况直接关系到使用生产性服务作为中间投入的制造业的发展；然后采用投入产出法对生产性服务业与制造业的互动现状进行了研究，找出两业互动发展中存在的问题，以引出生产性服务贸易对制造业的重要性，为后面的实证提供合理的前提和依据，也使得相应的对策建议有的放矢。

第五章：生产性服务贸易前向溢出效应对中国制造业 TFP 影响的实证研究。这一章是本书的重点章，首先，采用 Fare 构建的基于 DEA 曼奎斯特指数法测算中国制造业全部 30 个分行业 2001—2013 年 TFP 的变化，找出中国制造业整体及各分行业 TFP 及其各分解项的特征及存在的问题。其次，使用面板数据和 STATA12 分别从整体和分行业的角度，就生产性服务贸易前向溢出效应对中国制造业全要素生产率的作用进行实证分析，从中找出整体影响和分行业影响的共性与不同之处，为后面的政策建议章提供可靠的、有针对性的依据。

第六章：影响生产性服务贸易对制造业 TFP 前向溢出效应的因素分析。本章就生产性服务贸易对制造业溢出效应的发挥有影响的六大相关因素进行了实证检验，以发现各影响因素作用的共性和不同之处。

第七章：结论及政策建议。根据前面章节对现状分析发现的问题和实证研究得出的结果，结合溢出效应影响因素的特征，综合给出发挥生产性服务贸易溢出效应、提升中国制造业全要素生产率的对策建议。最后，指出研究中存在的不足和今后的研究方向。

第五节　创新之处

（一）研究的切入点较新

目前，国内外学者对服务业与制造业之间的互动关系研究较为深入和广泛，服务业 FDI、制造业 FDI 对行业本身或整个经济增长的影响研究也较多，但服务贸易及服务业 FDI 对其他产业的影响研究却很少，生产性服务贸易对制造业生产率的影响方面的研究更是极少涉及。因此，本书基于贸易与经济增长的密切关系以及生产性服务业与制造业的内在联系，对生产性服务进口贸易溢出效应与制造业全要素生产率提升的关系进行研究，探索两者之间的相关关系及相关程度，是一个较为新颖的研究角度。

（二）研究方法较新

1. 在制造业生产率测算方法方面较新，绝大部分学者测算生产率的方法都是采用劳动生产率来衡量制造业的生产率，这种单要素生产率测算方法很容易产生较大的偏差，本书采用全要素生产率来表示制造业的投入产出关系，更为全面、合理、准确。

2. 在实证研究方面，以往的学者大多数采用的是时间序列数据或截面数据的相关模型，而本书采用的是面板数据相关模型来实证研究生产性服务贸易溢出效应与中国制造业全要素生产率的提升之间的内在关系，这种方法得出的结论更科学合理。

第二章　相关研究进展及文献综述

第一节　相关概念

一、生产性服务和生产性服务业

（一）生产性服务的概念及特征

Machlup（1962）是较早提出较为明确的生产性服务概念的人，他认为生产服务业是产出知识的产业。其实之前就已经有人提出了相近的概念，1960年罗斯托在提出经济发展阶段理论时所提及的“商业”就是这样一种与生产性服务相近的概念。更早还可以追溯到17世纪，配第在阐述劳动力结构的演进规律时就已经形成了生产性服务概念的萌芽。库兹涅茨（1966，1971）在Machlup之后，对服务业概念的研究更进了一步，表达了生产服务行业是从制造业中转移出来的、提供服务的行业的思想。Greenfield（1966）延续了罗斯托等人的思想，也认为生产性服务是从制造业中发展出来的、不同于最终消费服务，是用来满足中间需求的，可用于商品和服务的进一步生产，强调了生产性服务是由外部市场独立提供的、具有投入性质的服务。Hubbard（1982）和Nutter、Daniels（1982）认为企业所生产出的服务产品如果在到达消费者手中之前，被其他生产部门使用过，那么该部门就是生产性服务部门。从学者们对生产性服务的描述可以看出生产性服务具有中间投入、知识密集等特点，同时，由于其也是一种服务，因此，还具有服务具有的一切特性（见表2-1）。

表2-1　生产性服务的特征

特征	说　明
中间投入性	不是一种面向最终消费者而是面向生产者的产品，是一种过程性的投入，能够降低其他部门的生产成本、提高其他产业部门的交易效率和生产效率、提升最终产出的附加价值，是其区别于消费性服务的本质特征。

续表

特征	说　明
技术含量高、专业性强	不同于消费性服务，生产性服务业为其他产业部门提供中间产品，具有生产要素的特征，而且是具有高知识和高技术密集型的特点，因此很多生产性服务对从业人员的专业性要求较高。
边际成本低	生产者服务前期的固定投入和学习成本较高，但其形成的核心能力可以发挥规模经济的作用，会使其向客户提供服务时的边际成本非常低。
其他特征	具有服务相对于物品具有的其他 4 个特征，即：无形性、生产与消费同步性、异质性以及不可贮存性。

（二）生产性服务业的构成

Hubbard 和 Nutter（1982）认为在服务行业，除去消费者服务，剩下的范围就属于生产者服务的领域。但是由于某些服务行业不仅向生产者也向消费者提供服务（如交通运输服务、金融保险服务和批发零售业等），因此既具有满足中间投入需求的性质，又具有满足最终需求的性质。要想将生产性服务从服务业中明确地分离出来，在计量和测度方面都有一定的困难。所以，不同的学者和组织从不同的角度对其进行了界定，常见的具有代表性的分类方法有如下几类。

1. 按生产性服务活动的性质分类

Howells 和 Green（1987）将生产者服务业界定为为其他公司提供的各类商业服务，包括银行、保险、职业和科学服务以及其他商业服务。Marshall 和 Wood 等（1987）则将生产性服务看成是一种为提高其他部门各生产阶段产出价值的活动，将其分为信息处理类（如广告服务、流程处理以及市场研究服务等）与物质商品处理相关类（如商品的销售、储存以及废物处理等服务）和个体支持类服务（如福利服务、保洁等）三类。Martinelli（1991）认为生产性服务与实物产品的设计、流通、营销推广等活动密切相关，同时也与生产组织和管理本身相关。将其分为产品流程设计与创新活动（如研发、设计等）、与生产活动直接相关的服务（如质量控制和维持、后勤等）、与生产组织和管理活动相关的服务（如财务管理、信息咨询和法律服务等）、与资源分配和流通活动有关的服务（如银行服务、猎头、培训等）以及与产品推广分销相关的活动（如运输、广告和营销等）几大类。胡晓鹏（2008）进一步从投入和产出的角度，将围绕制造进行的服务分为两个层次：第一个层次是为了确保生产和制造活动能够持续、稳定运行的服务，包括人流、资金流和知识流服务；第二个层次是确保制造业的生产结果能够迅速产生经济效益，以保障生产者利益的服务，包括为物品实现空间转换的物流活动以及为企业及时搜集市场行情、法律法规的服务（即信息流服务）。

2. 按照与制造业生产环节的关系分类

企业的生产活动从生产流程的角度来看可以分为上、中、下游三个环节，在所有生产环节都有生产性服务的渗透，对提升最终产品的附加值发挥着越来越重要的作用。Hansen（1994）将生产性服务定义分为上游的活动（如研发）和下游的活动（如市场营销）。杨玉英（2010）认为生产中的每个环节都有对特定专业服务的需求，因此，根据生产性服务参与生产企业价值创造的环节的不同，可以分为产前、产中和产后服务业。可行性研究、产品设计与研发等就属于产前服务业；财务、原材料物流、设备租赁、保养与维修等属于产中服务业的范畴；广告、销售和产成品物流等则属于产后服务业的范畴。

3. 从发展的角度分类

从发展的角度来说，生产性服务还分为传统的和现代的。Singleman（1978）、Howells 和 Green 等（1986）定义的生产性服务业指的就是传统的生产性服务业，一般包含金融业、保险业、房地产业（即 FIR）和商务服务业（即 BS）。市场调查、广告、管理咨询、会计师事务所和律师事务所等服务业则被定义为现代新兴的生产性服务业（即 APS）。除了学者，不同机构对生产性服务也做了各自的界定，基本上都包括传统分类即基本上都包含 FIR 和 BS，但在现代生产性服务业的界定上又各自有不一致的地方。各国政府及地区和机构会根据当地的实际发展状况和发展重点的不同制定不同的标准。如欧美和中国香港的分类包含了更多的现代生产性服务，体现出了这些地区生产性服务业具有更高的知识和技术含量；美国将教育和政府也包括进来，充分体现了美国教育和政府在促进经济发展中的作用；香港由于其地理位置的特殊性，经济的发展高度依赖国际贸易的发展，因此将与贸易相关的服务列为生产性服务；北京的分类则体现出了其作为文化中心和商业中心的城市特点；上海市在对其生产性服务业进行分类时，考虑到了汽车产业在其经济中的支柱地位，所以在专业性服务大类中特地增加了汽车服务。

虽然各国和各国际组织并没有形成统一的分类标准，但是对生产性服务的性质和作用的认识还是比较一致的，即都认为生产性服务是派生出来的服务需求，是市场化的中间投入性质的服务，对提高其他产业的全要素生产率提供了重要的保证。

二、生产性服务贸易定义及相关分类

（一）生产性服务贸易概念

生产性服务贸易（Trade in Producer Services）是生产性服务业产品（有形的或无形的）的进口贸易和出口贸易的统称，是生产性服务业参与国际分工的一种表现形式[①]。由于生产性服务概念的多样性，生产性服务贸易在学术界同样也没有统一的概念。最早的概念是由 James R. Markusen（1989）提出的，他认为那些包含具有报酬递增性质的中间投入品的贸易就是生产性服务贸易。其后很多经济学家陆续对生产性服务贸易进行了研究，Melvin（1989）认为生产性服务贸易与传统贸易非常相似，只是在“H–O”贸易模式中增加了生产性服务业投入而已；Francois（1993）认为那些对劳动分工和报酬递增具有明显促进作用的服务贸易就是生产性服务贸易，暗示生产性服务贸易能够促进经济的增长；Landesmann 和 Petit（1995）认为生产性服务贸易是那些与货物贸易相关的服务业如运输业和金融业，则暗示了生产性服务贸易是为货物贸易服务的。庄丽娟等（2009）、余道先等（2010）认为生产性服务贸易指的是那些为生产者提供中间投入的部门和行业的对外贸易，是指所有生产性服务业进出口的总称。顾国达、周蕾（2010）认为生产性服务贸易指的是那些跨越国境，能够满足全球价值链的中间需求，为进一步的社会物质生产提供的服务活动。认为生产性服务贸易从价值形态上看，是跨越国境的、为提升全球价值链各中间环节附加值的服务投入，这种观点则揭示了生产性服务贸易在全球价值链中的重要地位。

---

① 随着科技的进步，有些服务可以以有形物品的形式贮存起来。

（二）生产性服务贸易的分类

《服务贸易总协定》（GATS）中对服务贸易的定义已经成为权威，是学术界和各国政府所普遍接受的定义，也是各国进行服务贸易统计的依据。GATS将服务贸易的提供方式按要素流动特点分成四类，分别是跨境交付、境外消费、商业存在和自然人流动。其中，商业存在一般和跨国直接投资相关，是国际直接投资的结果，目前已经发展成为发达国家服务贸易中最重要的一种形式。从统计意义上讲，这四种服务贸易模式又可以分为两大类，一类包括跨境交付、境外消费和自然人移动三种服务提供方式，统称为“跨境服务贸易”，这种类型的服务贸易的统计可以通过国际收支申报，因此是对应于BOP统计口径的服务贸易。另一类则是“商业存在”贸易模式，与服务业的对外投资紧密联系，由于这种贸易方式对应的投资方虽然是外国，但其所设立的经济实体属于本国境内的居民，因而BOP统计无法涵盖这种类型的交易，其所提供的服务会在国际收支中体现，而应属于FATS统计范畴。近年来，一些研究者也按照这种统计方法，把这四种模式归纳为两种，如Wooton（2001）、段丽娜（2012）和邱爱莲、崔日明等（2014）。

虽然有众多的学者给出了生产性服务贸易的范围，GATS也给出了较为详细的服务贸易的分类，但生产性服务贸易的具体范围仍然没有统一的标准。目前我国的关于生产性服务贸易的分类，主要是依据我国外汇管理局国际收支平衡表所统计的服务贸易的分类和国家统计局《中国统计年鉴》服务业（2012年之前为第三产业）的分类进行的。不同的学者为了各自研究的需要，对生产性服务贸易的界定和分类也各有不同。孔祥荣（2008），汪素芹、孙燕等（2009），尚涛、陶蕴芳（2010）等都把广告宣传、保险、计算机和信息服务、通信、专利权使用费和特许费、咨询和金融服务纳入到生产性服务贸易分类中。多数的学者将运输服务也纳入到生产性服务贸易，他们认为虽然运输服务业兼有消费服务的功能，但消费服务占比较少。争议较大的是建筑服务，与国外不同，建筑服务在中国更多时候被描述为施工和相关的服务，建筑业面对的对象更多的是消费者而非生产者。但WTO认为建筑服务是由众多拥有高知识和技能的建造师、建筑工程师等专业人士所提供的智力型服务，并不涉及工程建造，因此很多学者也将建筑服务纳入生产性服务贸易的范围（王荣艳、齐俊妍，2009；余道先、刘海云，2010；段丽娜，2012）。

第二节 生产性服务业与制造业的关系

生产性服务贸易溢出效应对制造业生产率的影响，归根结底是生产性服务业对制造业的影响，学术界就生产性服务业对制造业的作用已经进行了较为广泛的研究，但是学者们的研究结论并不一致，大致上，在生产性服务业对制造业所起的作用观点方面主要存在以下几种分歧。

一、从属地位论

这种理论认为制造业处于主导地位，是决定服务业发展的前提和基础，而服务业的发展则处于需求遵从地位，生产性服务业的发展依赖制造业的发展。这种理论的代表为“需求论”，该理论强调制造业对生产性服务业的需求拉动作用，将生产性服务业看成是制造业的依附，把生产性服务业看成是制造业产业链的前端（格鲁伯和沃克，1993；Rivera-Batiz，1988；Klodt，2000；Macpherson,2008）①。霍景东、黄群慧（2012）② 的研究也发现工业部门的服务外包需求是我国服务业发展的主要动力。

这种论点显然是片面的，它简单地将服务业与制造业割裂开来，太过看重制造业在经济中的地位，将服务业的发展看成是被动地、单向地依赖于制造业的发展，却忽略了在经济社会中两者的内在联系和相互之间的影响。

二、核心作用论

代表性理论为“供给论”和“工业服务化理论”。“供给论”认为，生产性

① Rowthorn R，R Ramaswamy. Growth，Trade and Deindustrialization[J]. IMF Staff Papers，1999，46（1）：18-41.

② 霍景东，黄群慧. 影响工业服务外包的因素分析——基于 22 个工业行业的面板数据分析 [J]. 中国工业经济，2012（12）：44-56.

服务业是制造业生产率得以提高的前提和基础，生产性服务业的供给降低了制造业生产及交易的成本，提高了制造业专业化分工的程度，增加了制造业最终产品的附加值，促进了制造业的技术创新，因此是提高制造业效率及增加值的关键影响因素。如果没有发达的生产者服务业，制造业就不可能具有竞争力①，后人的实证研究也都证实了这一观点（Karaomerlioglu，D & B.Carlsson，1999②；江静、刘志彪、于明超，2007③；钱书法、贺建、程海狮，2010④）。“工业服务化理论”认为服务不是“边缘化的或奢侈的经济活动”，而是位于经济核心地带的活动。生产性服务业是刺激商品生产的推动力，所有产品的生产都会融入越来越多的服务作为中间投入要素，任何产业都将逐渐向服务化发展，产业服务化也必将在今后的工业生产和经济发展过程中成为一个不可扭转的趋势（Shelp，1984；Riddle，1986）。生产者服务业作为制造业投入的重要性也得到了广泛证实（Katouzian，1970；Park，1989；Francois，1990）。

该理论与“从属地位论”恰恰相反，将生产性服务在制造业发展中的作用放在了极其重要的地位，认为其是制造业发展的决定力量。虽然该理论的观点有过于夸大生产性服务业作用之嫌，但却也揭示了生产性服务业对各国制造业生产力和竞争力都越来越重要的事实。

三、相互依存论

相互依存论的代表性理论有“互动论”和“融合论”。“互动论”认为制造业是生产性服务业的基础，生产性服务业又反作用于制造业，两大产业是相互依赖、相互影响、共同发展的互动关系。该理论承认生产性服务业的发展源

---

① Karaomerioglu，Bo Carlsson. Manufacturing in Decline ? A Matter of Definition[J]. Economy，Innovation，New Technology，1999（8）：175-196.

② Karaomerlioglu，D&B. Carlsson. Manufacturing in Decline Matter of Definition Economy，Innovation[J]. New Technology，1999（8）：175-196.

③ 江静，刘志彪，于明超 . 生产者服务业发展与制造业效率提升：基于地区和行业面板数据的经验分[J]. 世界经济，2007（8）：52-62.

④ 钱书法，贺建，程海狮 . 社会分工制度下生产性服务业与制造业关系新探——以江苏省为例 [J]. 经济理论与经济管理，2010（3）：69-74.

自制造业生产规模的扩大和技术进步所引起的需求扩大，但同时也认为高效的生产性服务业能够极大地降低制造业的生产成本，提高其生产效率[①]。Shelp（1984），Park&Chan（1989）[②]，Hansen（1990）[③]，王治、王耀中（2010），高觉民、李晓慧（2011）[④]在各自的文章中均表达或论证了此观点。"融合论"认为随着信息技术的运用和发展，很多制造业的企业开始同时发展制造业和服务业，使制造业与生产性服务业重合的部分越来越大，两大产业之间的界限也越来越模糊，出现了日益融合的趋势（Lundvall.B，1998）[⑤]。黄建锋、陈宪（2004）以分工理论为基础，从产业经济的角度出发，分析了生产性服务业与制造业关系的动态变化，得出了两个产业间是互动关系的结论。在实证方面，魏江、周丹（2010）发现目前中国生产性服务业与制造业呈现出显著的互动关系[⑥]。

该理论对生产性服务业在制造业中作用的认识是比较客观的，揭示了生产性服务业与制造业之间的内在联系，认识到了生产性服务业源于制造业又反作用于制造业的作用机理，并且该理论对两大产业关系的认识并非是静止的，而是从发展的角度看待两者的关系，因而也是与时俱进的。

四、阻碍论

典型的理论代表为"服务工业化理论"，认为在生产率增长方面，存在着服务业比工业增长缓慢的现象，因此，如果越来越多的劳动力进入劳动生产率

① Coffey W J. Forward & backward linkages of producer service establishments: evidence from the Montreal metropolitan area[J]. Urban geography, 1991（17）: 22-26.

② Park SH, KS Chan. A Cross Country Input Output Analysis of intersectional Relationships Between Manufacturing and Service and their Employment Implications[J].World Development, 1989（2）: 199-212, 33-39.

③ Hansen, N. Do Producer sevices induce regional economic development[J].Jounal of Regional Science, 1990（2）: 465-476.

④ 王治，王耀中．中国服务业发展与制造业升级关系研究——基于东、中、西部面板数据的经验证据[J]. 华东经济管理，2010（11）: 65-69.

⑤ Lundvall, B.A. and Barras, S. The Globalising Learning Economy: Implications for Innovation Policy[M]. Bruxelles : The European Commission, 1998 : 45-52.

⑥ 魏江，周丹．中国生产性服务业与制造业互动需求结构及发展态势 [J]. 经济管理，2010（8）: 17-25.

低下的部门，就会阻碍社会整体生产率的提升，从而成为经济发展的障碍，使经济增长最终陷入停滞（鲍莫尔，1967；富克斯，1968）。

这种观点是非常悲观的，它认识不到生产性服务作为中间投入对提高制造业交易效率和降低制造业生产成本等方面的巨大作用。Hoekman（2006）也证明，与“鲍莫尔病”假设相反，现代服务业的发展使得整体经济活动的生产率得到了增长而不是放慢①。

虽然学术界对生产性服务业对制造业的作用意见并不一致，但总的来说，大部分学者还是认可两大产业是互为依赖、互相促进的关系，随着两业融合互动的加深，相互之间的联系也将更加紧密，制造业的发展越来越离不开生产性服务业的大力投入和支撑。

第三节 生产性服务贸易溢出效应与制造业生产率关系

因为本书研究的对象是生产性服务的进口贸易，所以首先要对进口贸易与一国生产率的关系进行研究，另外，由于生产性服务贸易中的商业存在与FDI直接相关，所以还需要对FDI与东道国生产率的关系进行研究。

一、进口贸易溢出效应和生产率的关系

凯恩斯学派认为进口不利于一国经济的发展，因为进口会挤占进口国国内的市场，是进口国总需求中的漏出量。因此，这成为长期以来贸易保护主义推崇出口、限制进口的主要理由，认为只有通过限制进口、鼓励出口才能扶植一国产业的发展，进而才能推动一国经济的增长。所以，长期以来学术界关于国际贸易与经济增长关系的研究也往往是侧重分析出口对经济增长的影响，而且大多数实证研究的结论也支持这样的论断，即出口有利于一国经济的增长。

① 鲍莫尔病（Baumol's disease）是美国经济学家威廉·鲍莫尔在1967年一篇研究经济增长的论文中提出来的。他建立了一个两部门宏观经济增长模型，其中一个部门是“进步部门”，另外一个是“停滞部门”，进步部门的生产率相对快速增长将导致停滞部门出现相对成本的不断上升。

20世纪90年代以来，学者们对进口贸易与技术进步之间的关系进行了很多的研究，普遍认为进口贸易通过技术溢出效应可以促进一国的技术进步。很多学者对进口的这种技术溢出效应的机理进行了分析，Romer（1990）通过提出品种增长模型，指出进口贸易可以通过增加新产品的品种来促进技术进步。Coe 和 Helpman（1995）则认为一国可以通过国内 R&D 和进口贸易所带来的国外 R&D 溢出来促进技术进步。一些学者实证研究了进口贸易技术溢出效应的大小，如方希桦（2004）等使用我国与“七国集团”1978—2000年的相关数据研究后发现：通过进口贸易途径产生的技术溢出效应与国内 R&D 投入对我国 TFP 的提升起着同样重要的作用。黄先海、张云帆（2005）将外资依存比例引入 CH 模型，发现进口贸易与 FDI 对我国 TFP 提升都具有显著效应。喻美辞、喻春娇（2006）通过将人力资本加入 LP 模型，也得出了相似的结论。

二、FDI 溢出效应和生产率的关系

FDI 理论认为，FDI 所包括的资本、先进的管理经验和生产技术等综合要素会随着外资企业在东道国投资经营，通过竞争、人员流动、模仿和示范等效应，扩散至本地厂商，即产生了溢出效应（韩德超，2011）。依据2001世界投资报告（UNCTAD）的分析，FDI 的溢出效应分为水平链接溢出（发生在产业内或行业内）和垂直链接溢出（发生在产业间），后者又分为前向链接（forward linkage）溢出和后向链接（backward linkage）溢出，指的是外商投资企业与东道国企业之间通过上下游供应链的关系而产生的外部溢出效应。国内学者对 FDI 溢出效应存在性进行了大量的实证研究，大部分的研究表明 FDI 存在技术溢出效应且行业间技术溢出效应远大于行业内溢出。张建华等（2003）、邱斌等（2008）众多学者的研究发现，外商直接投资通过技术溢出效应促进了我国制造业生产率的增长。秦晓钟等（1998）通过研究认为 FDI 溢

出效应明显，甚至超过了本土企业的贡献。Javorcik（2004）[①] 以及 Mucchielli 和 Jabbour 等（2006）[②] 的研究均发现 FDI 的后向关联溢出效应为正。Liu（2006）通过对中国制造业的数据进行研究，认为后向关联与前向关联和水平关联相比是更重要的溢出途径。但严兵（2006）、Duetal（2012）等利用中国工业行业的数据进行了实证分析，却得到了行业间技术溢出不仅存在而且比行业内溢出更加明显的结论。

三、生产性服务贸易溢出效应与制造业生产率的关系

目前，学术界对制造业 FDI 溢出效应的研究较多，对服务贸易 FDI 技术溢出效应的研究相对较少，对服务业跨境贸易的技术溢出效应方面的研究更是鲜有涉及。

（一）服务业 FDI 技术溢出效应

在理论研究上，学术界对服务业 FDI 溢出效应对一国的技术进步的正面作用进行了充分的肯定，他们认为服务业 FDI 之所以有助于东道国生产商特别是制造业厂商提升生产率，是因为可以使他们获得更多更好的中间投入（Rivera-Batiz 等，1992[③]；Markusen，2005[④]；Hoekman，2006[⑤]）。Tybout（2000）、Arnold 等（2008）[⑥] 认为如果企业难以充分获得质优价廉的生产性服务就会阻碍制造业

---

① Javorcik, B. Does Foreign Direct Investment Increase The Productivity of Domestic Firms ? In Search of Spillovers through Backward Linkages [J]. American Economic Review, 2004, 94(3).

② Mucchielli, J., Jabbour, L Technology Transfer through Backward Unkages:The Case of the Spanish Manufacturing Industry[R].Working Paper, University of Paris Ⅰ Pantheon-Sorbonne and TEAM- CNRS，2006.

③ Rivera-Batiz F L, Rivera-Batiz L A. “Europe 1992, and the Liberalization of Direct Investment Flows: Services Versus Manufacturing [J]. International Economic Journal, 1992, 6（1）: 45-57.

④ J. Markusen, T. Rutherford, and D. Tarr. Trade and Direct Investment in Producer Services and the Domestic Market for Expertise[J]. Canadian Journal of Economics, 2005（38）: 758-777.

⑤ B. Hoekman. Liberalizing Trade in Services: A Survey[J]. Research Working Papers, 2006, RePEc: wbk: wbrwps: 4030.

⑥ 该文章最初载于 2008 年 World Bank 网站上，后于 2016 年正式发表。

生产率的提高，而引进服务业 FDI 可以有效地改变这种状况。

实证方面，国内外学者从不同角度对服务业 FDI 对制造业的技术溢出效应进行了实证检验，研究的结果也支持理论上的论断。黄建锋（2007）利用服务业 FDI 数据进行了检验，发现商业存在明显促进了我国技术水平的提高。罗立彬（2009）研究也发现服务业 FDI 有助于促进制造业效率的提升。一些国外学者利用微观层面的数据进行的实证研究，大都也发现服务业 FDI 与东道国制造业生产率的提升之间是显著的正相关关系（Francois 和 Woerz，2007[①]；Fernandes 和 Paunov，2008[②]）等。但也有部分经验研究表明，服务业 FDI 溢出效应与东道国制造业的技术关系并不显著，有的甚至是负相关（Alfaro，2003[③]；Nadia Doytch 和 MerihUctum，2011[④]）。

（二）跨境服务贸易的技术溢出效应

目前，学术界对于有形商品贸易和 FDI 技术溢出的理论和实证方面的研究较为丰富，但对服务贸易的相关研究却相对较少。近几年，随着国际服务贸易规模的不断扩大和在世界经济中地位的提升，学者们对服务贸易的技术溢出效应的关注度开始提高，但相关的文献仍然较少，实证研究得出的结论也具有一定的差异。

Markusen 等（2005）从微观的层面研究了一国进行生产性服务贸易的必要性，认为当一国生产性服务缺乏时可从外国引进较为先进的服务，用以扭转由于最终产品的生产缺乏先进服务投入所带来的比较劣势，以此来改变该国在国际竞争中的不利地位。Sherman Robinson（2002）通过对 10 个国家及地区的 11 个部门的数据进行研究发现，发展中国家从发达国家进口服务产品，不仅获

① 本文最初见于 Tinbergen Institute Discussion Paper，No. 045/2，2007，后于 2008 年正式发表。

② A. M. Fernandes, and C. Paunov. Service FDI and Manufacturing Productivity Growth: There is a Link[J]. World Bank Working Paper, 2008.

③ L. Alfaro. Foreign Direct Investment and Growth: Does the Sector Matter ? http://www.51lunwen.org/UploadFile/org201101310901063260/20110131090106459.pdf. 2003.

④ Nadia Doytch and Merih Uctum. Does the Worldwide Shift of FDI from Manufacturing to Services Accelerate Economic Growth ? AGMM Estimation Study[J]. Journal of International Money and Finance, 2011: 14.

得了所需的质优价廉的服务中间产品，还获取到了先进的技术和信息，从而促进了这些发展中国家全要素生产率的提升。任会利（2010）通过研究证明了金融、咨询、广告和宣传等服务行业的进口对中国制造业国际竞争力的提高有显著的促进作用。刘艳（2010）通过实证研究也发现，中国的服务进口贸易对我国存在技术溢出效应，服务进口贸易是技术进步的格兰杰原因，并且两者之间存在一个长期稳定的关系。但也有学者通过实证检验发现，生产性服务贸易对我国的制造业效率有微弱的负面作用（黄路娜，2009）。

虽然生产性服务贸易对进口国的技术溢出效应研究的结果并不一致，但绝大部分的研究尤其是实证研究的结果都支持生产性服务贸易对进口国制造业的技术溢出效应为正的说法。因此，很多学者进一步对生产性服务贸易技术溢出渠道进行了研究。

四、生产性服务贸易溢出效应提升制造业生产率的渠道

近年来关于技术外溢的研究较多关注跨国公司 FDI 行为带来的产业内外溢和产业间外溢，一般认为，技术外溢更容易在产业间发生，服务贸易对制造业技术进步和生产率的影响，可纳入FDI的产业间技术外溢的范畴。冯跃（2013）认为服务业 FDI 对东道国制造业产生的技术溢出是通过服务业跨国公司跟当地制造业企业的垂直关联而实现的，而垂直关联溢出又分为前向溢出（forward spillovers，即服务业 FDI 对下游使用服务产品的制造业产生的溢出）和后向溢出（backward spillovers，即服务业 FDI 对其上游制造业供应商的溢出）。服务业跨国投资与东道国的制造业之间就是通过前向和后向的关联来促进制造业效率的提升的。跨境贸易对制造业的技术溢出则可以归为产业间溢出中的前向链接溢出，但服务业跨国投资和跨境贸易也有可能产生产业内外溢，促使服务引进国的服务业发展壮大，从而间接惠及将服务作为中间投入的进口国制造业企业，促进其生产率的提升。

第四节 实证方面的研究进展

在实证研究方面，目前的文献还相当有限，大多数的实证研究是针对所有行业层面的。学者们证明了生产性服务贸易（包括跨境交付和商业存在）是提升进口国生产率的重要渠道。方慧（2009）利用服务业 FDI 数据验证了商业存在提供模式对中国存在技术溢出效应。蒙英华、黄宁（2010）研究发现中国从美国的服务进口（BOP）比美国在中国的 FATS 对制造业效率的促进效应要更为明显，更能促进资本密集型和技术密集型制造业效率的提升；而美国在中国的FATS更能促进技术密集型和劳动密集型制造业效率的提升[①]。崔日明、张志明（2013）实证检验发现服务贸易进口对服务业整体全要素生产率均产生了显著正向影响，而出口的影响显著为负[②]。蒙英华、尹翔硕（2010）通过运用中国制造业数据进行实证研究后发现，生产性服务进口贸易对中国制造业整体效率的提高存在着较强的正向促进效应，但对不同类型制造业效率的提升作用不同，有些还具有负面影响[③]。唐保庆、陈志和、杨继军（2011）实证研究了不同要素密集型服务进口贸易的国外 R&D 溢出效应，发现劳动密集型和资本密集型服务的进口贸易对于进口国 TFP 没有促进作用，而技术与知识密集型服务贸易进口显著促进了全要素生产率[④]。樊秀峰、韩亚峰（2012）基于价值链视角进行了实证分析，发现生产性服务贸易可以提高制造业的生产效率以及资源配置的效率，但不同生产性服务部门的贸易对不同要素密集型制造业的生产效率的

① 蒙英华，黄宁．中美服务贸易与制造业效率——基于行业面板数据的考察 [J]. 财贸经济，2010，12：96-103.

② 崔日明，张志明．服务贸易与中国服务业技术效率提升——基于行业面板数据的实证研究 [J]. 国际贸易问题，2013，10：90-101.

③ 蒙英华，尹翔硕．生产者服务贸易与中国制造业效率提升——基于行业面板数据的考察 [J]. 世界经济研究，2010 ，7：38-45.

④ 唐保庆，陈志和，杨继军．服务贸易进口是否带来国外 R&D 溢出效应 [J]. 数量经济技术经济研究，2011，5：94-138.

作用存在差异性[①]。

第五节 文献评述

通过对以往的文献进行梳理，笔者发现学者们对服务贸易的研究无论是从研究角度还是从研究方法上都呈现出越来越多的态势。但同时，笔者也发现有的研究存在以下这样几个问题：

1. 虽然已有很多学者基于各自研究的需要，对生产性服务业和生产性服务贸易概念和范围进行了各种各样的界定，但是仍然存在不够全面和科学之处。因为，考虑到生产性服务业和制造业密不可分的联系，要想衡量生产性服务贸易溢出效应对制造业生产率的影响，就必须首先从产业关联的角度来全面、科学、合理地界定生产性服务业和生产性服务贸易的概念和范畴。本书运用投入产出法从产业互动的角度对生产性服务业和生产性服务贸易这两个概念和范畴进行了重新的界定。

2. 因为现有溢出效应的研究不是针对所有四种服务贸易形式进行的，因此机理方面的研究也难以为服务贸易整体的溢出效应提供理论支持，因此本书提出了适用于所有类型服务贸易的溢出机制。

3. 对制造业生产率的衡量大多采用的是劳动生产率[②]，这种单要素生产率指标一方面容易极大地高估我国制造业的生产率，另一方面难以体现出生产性服务贸易溢出效应对提升制造业生产率的作用方式。所以本书尝试采用全要素生产率（TFP）的指标来更为全面、科学地衡量我国制造业的生产率，同时采用数据包络分析法（DEA）曼奎斯特指数来测算中国制造业 TFP 及其分解项，为研究生产性服务贸易溢出效应影响制造业生产率的作用方式打下基础。

4. 现有对于服务贸易的研究主要集中于一国服务贸易竞争力和服务贸易对一国经济的影响等方面，对服务贸易溢出效应的研究相对较少。少量对服务

① 樊秀峰，韩亚峰 . 生产性服务贸易对制造业生产效率影响的实证研究——基于价值链视角 [J]. 国际经贸探索，2012，5.

② 蒙英华、尹翔硕（2010）和樊秀峰、韩亚峰（2012）采用的均是这个指标。

贸易溢出效应方面的研究又主要集中于对服务业 FDI 的溢出效应的研究，对服务贸易中的跨境贸易技术溢出效应的研究则鲜有涉及，导致难以全面衡量生产性服务贸易溢出效应对制造业生产率的影响，得出的结果及结论自然就有失偏颇，所以本书尝试着将两大类服务贸易纳入同一模型进行研究，以期使研究结果更加全面。

5. 目前，对影响生产性服务贸易溢出效应发挥的因素研究较为少见，所以，本书将对六大因素进行分析，以筛选出哪些因素能够促进生产性服务贸易溢出效应的发挥，为最后的政策建议部分提供可靠的依据。

第三章　生产性服务贸易溢出效应促进制造业生产率提升的机理

基于很多学者已有的研究得出的结论——服务的出口贸易对提升制造业生产率的作用有限甚至为负，而进口对一国经济和生产率的积极作用却较大，本书将要从进口的角度就生产性服务贸易①对制造业的技术溢出效应进行研究。本章主要回答的问题是：为什么生产性服务贸易的溢出效应对制造业生产率提升的作用很重要？其作用机理是什么？而这个问题的研究其实质还是要对生产性服务与提升制造业生产率的关系进行研究，这又涉及两个问题：一是制造业生产率提升的源泉是什么？二是生产性服务贸易与提升制造业生产率的内在逻辑关系是什么？

第一节　溢出效应

一、溢出效应

溢出效应可理解为外部性，是一种常见的现象，在社会生活各方面都普遍存在着溢出效应。在经济领域当中，当社会整体从个人或单个企业的生产活动中所得到的好处大于个人或企业从事该活动获得的全部收益时，这些活动就产生了正的外部性；否则，就会产生负的外部性。企业或个人的跨越国界的经济行为会对一国产生技术溢出效应，这是一种非自愿的技术扩散，因为企业和个人的经济行为虽然间接导致了当地技术和生产力水平的提高，但他们并没有

① 服务贸易包括跨境交付、境外消费、商业存在和自然人流动 4 种。BOP 上反映的服务贸易的数据包括跨境交付、过境消费以及自然人流动 3 种提供模式。本书根据需要将生产性服务贸易进口分成跨境服务贸易（即 BOP 中的进口，简称“跨境贸易”）和商业存在（对应我国引进的生产性服务业 FDI 提供的服务）两大类。

得到相应的报酬，因此这些行为对生产率产生的影响是经济外在性的一种表现（李平，1999）。国际贸易和跨国直接投资是这种“非自愿”技术扩散的两种重要的渠道。FDI 对东道国的生产效率、技术进步和发展能力发生无意识的影响就是外国直接投资的技术外溢效应（何洁，2000）；发展中国家的技术引进，从另一个角度看，其实也是技术的国际溢出形式（张建华，2005）。由于本书研究的是生产性服务的进口贸易（包括跨境贸易和商业存在）的技术溢出效应，所以包括进口贸易的技术溢出效应和 FDI 的技术溢出效应两种。

二、生产性服务贸易的溢出效应

生产性服务贸易的溢出效应，就是指生产性服务业相关的贸易活动所能引起的那部分超过进出口商直接所得的社会效益和外商在生产性服务业领域的 FDI 行为所引起的不能为投资商获取的社会和经济收益的总称。而生产性服务贸易对制造业全要素生产率的技术溢出效应就是生产性服务贸易对我国制造业生产率产生的外部性。

三、前向溢出效应（*forward spillovers*）

大部分的研究结果表明技术外溢更容易在产业间发生，服务贸易对制造业技术进步和生产率的影响，就属于产业间技术外溢的范畴，这是通过生产性服务业和制造业企业的垂直关联实现的，而垂直关联溢出又分为前向溢出和后向溢出，跨境贸易对制造业的技术溢出则可以归为产业间溢出中的前向溢出。因此，生产性服务贸易的前向溢出效应，就是指服务业对下游使用服务产品的制造业产生的溢出，是制造业厂商通过使用从国外购买来的或使用由服务业跨国公司在本国的分公司提供的服务而引起的技术溢出效应。

第二节　相关理论

由于全要素生产率（TFP）是指广义的“技术”，可以分解为技术进步、技术效率和规模经济三大部分，其本质是一种投入产出关系，所以首先要从对生产率提高做出解释的理论着手来阐述生产率提升的源泉。其次，由于国际贸易和外商直接投资是两种最重要的国际技术溢出渠道，所以还需要从国际贸易和FDI与技术进步、技术效率和规模经济三者的关系，亦即从国际贸易和FDI与提升进口国生产率的关系的角度入手来进行理论阐述。因此，相关理论依据主要来源于两个方面：一是经济增长理论；二是国际贸易理论。

一、经济增长理论

古典经济学家们一直探讨的主要课题之一就是"怎样才能最大限度地增加一国的最终产品生产"[①]，因此，经济增长理论试图对经济增长的源泉进行解释，这其中就包括对劳动生产率提升的原因的研究。经济增长理论认为，决定劳动生产率大小的因素有两个：一个是生产中为劳动投入所配备的其他生产要素的多少，一般用人均资本来表示；另一个是劳动力使用其他生产要素的效率，这取决于技术进步。因此，在其他条件不变的情况下，人均拥有资本水平的提高会促进劳动生产率的提升，而如果人均资本水平给定，则劳动生产率就会随着技术水平的提高而提升。

（一）古典经济增长理论

古典经济增长理论认为：一旦人均收入水平高于某一水平（即温饱点），人口就会出现爆炸式的增长，人口数量的增加会使经济中人均拥有的资本量减少，从而导致劳动生产率下降；当劳动生产率降低至温饱点之下时，人口数量不再增加而会减少，经济活动中人均拥有的资本水平又会开始上升，劳动生产率就会再度回升，如此反复，温饱点成为经济的长期均衡点。该理论的核心就是认为人口会影响到人均资本的水平，进而会影响到生产率的水平，即技术进步与人口增长是呈反向变动的关系。

（二）新古典经济增长理论

该理论与古典经济增长理论的观点不同，认为经济增长并不必然会引起人

① 中国社会科学院"新经济增长理论的发展和比较研究"课题组写 . 经济增长理论模型的内生化历程[M]. 北京：中国经济出版社，2007，1：4.

口的增长，因此人均资本水平在理论上是可以持续增加的，但是该理论也同样是比较悲观的，它也预测劳动生产率不能持续提高，因为该理论认为资本的边际报酬是递减的。在技术一定的条件下，随着人均拥有的资本存量的上升，将会在一定时间内提高劳动生产效率，但由于资本的边际产出会下降，因此在长期如果没有技术进步，只靠资本积累，劳动生产率的增长将会停滞，最终也会达到一种稳态。

后来，一些学者对资本的定义进行了扩展，将人力资本、资本质量、研发以及基础设施等因素也定义为广义的资本存量。他们认为不应单纯以资本存量作为测度资本积累对经济增长贡献的唯一标准，还应考虑厂商在采用高质量资本设备代替原有的低质量的设备、聘用更多的高素质人才替代低素质劳动力、加大研发投入以及对基础设施经营改善等活动对最终产出造成的影响，因为这些活动同样也都需要大量的资金投入，都会为提升生产的效率发挥重要作用。虽然学者们对资本范围的扩展是一种进步，但他们仍然没能摆脱资本的边际收益递减的思维框架。

（三）新增长理论

新增长理论又称为内生增长理论，该理论进步之处在于它放松了对资本边际报酬递减的假设，同时对技术进步的来源进行了探讨。新增长理论认为资本的边际报酬之所以不再递减，是因为投资累积能够产生“溢出效应”，尤其是厂商对研发投入的增加会影响到整个经济体的知识存量，进而通过技术外溢等途径促进整体经济生产效率的提升。技术进步既来自本国的研发，也来自进口贸易以及 FDI 的技术溢出（Grossman 和 Helpman，1991）。技术进步成为一系列因素如干中学、研发、人力资本、贸易伙伴的研发投入、规模经济等的函数。由于存在溢出效应，投资累积可能会出现边际报酬不变或边际报酬递增，从而推动劳动生产率的持续提升（罗默，1990）。在内生增长理论里，FDI 成为了东道国生产率提高的重要方式，是东道国技术进步的催化剂。

总之，经济增长理论始终将劳动生产率的增长归结为两方面的原因：一是人均资本水平的提高；二是技术水平的进步。这里所指的资本水平不仅包括资本的存量扩大，也包括资本质量的提升。此处所指的“技术”是一个广义的概念，指的是一种投入产出关系，而生产性服务贸易的发展不仅可以促进制造业资本的存量扩大和资本质量的改善，也在促进技术进步方面发挥着重要的溢出作用。

二、国际贸易理论

自国际贸易理论产生以来，国际贸易和生产率进步的关系问题就一直是学者们关注的话题，大多数的研究者都认为国际贸易能够提升世界范围内的生产率和技术进步。

（一）古典贸易理论

以亚当·斯密为代表的古典贸易理论认为：一国的财富反映在其生产能力上，即生产最终产品和劳务的能力，而不是取决于对贵金属的保有水平。他提出的绝对优势理论认为各国都应该专业化生产那些它们具有绝对优势的商品并出口，并从其他国家进口其不具有绝对优势的商品，如此，通过对外贸易就会在客观上促进国际分工的深化和世界劳动生产率的提高。但绝对优势理论无法给出落后国家应该如何参加国际贸易问题的答案。后来，大卫·李嘉图（1817）提出了“比较优势”的概念，从生产成本的相对差异而不是绝对差异出发，认为各国应该根据各自的比较优势而不是绝对优势进行分工生产，然后互相交换（即进行贸易），这样就可以使资源得到更加合理有效的配置，促进各贸易参与国的生产率，该理论为穷国也应该参与国际贸易并能够从中获利提供了理论依据。

（二）新古典贸易理论

赫克歇尔（Heckcher）与俄林（Ohlin）从各国要素禀赋差异的角度，对各国参与国际贸易的比较优势进行研究。他们指出国家间只要相对要素禀赋不同，就可以开展国际贸易，一国应生产和出口密集使用其相对丰裕的生产要素的产品，并从其他国家进口密集使用其相对稀缺的生产要素生产出来的产品。这样，通过商品在国际间的自由流动可以带动生产要素在国家间的间接流动，从而使生产要素在全球范围内进行有效配置，提高要素生产率。

古典和新古典贸易理论都揭示了国际分工的好处，认为各国如果能按照各自有利的条件进行分工生产就能够提高贸易参与国的生产率。

（三）新贸易理论

20世纪70年代后期，以克鲁格曼为代表的新贸易理论放弃了古典贸易理论中原有的完全竞争以及规模报酬不变的假设，开始从垄断竞争、差异化和规模经济的角度进行研究。Grossman和Helpman（1991）认为国际贸易和研发投资都是促进国际技术进步的发动机，国际贸易带来的市场范围的扩大会产生规模经济效应，而竞争的加剧又能够提升微观经济主体的效率（Clerides et al.，1998）。Frankel和Romer（1999）也从理论方面证实了国际贸易是技术进步的重要原因。技术进步不仅取决于一国对研发的投入，其他国家的研发也会对进口国产生直接或间接的技术溢出，促进其生产率的提升，国际贸易、国际直接投资以及国际技术交流等类似的国际经济活动都是可以产生这种溢出效应的途径，都能将各自全要素生产率增长的好处源源不断地传递给其他国家。

服务业具有的差异化特征使得规模经济对企业的发展至关重要，因此，以垄断竞争和差异化为特点的新贸易理论也可以用来解释服务贸易与生产率的关系。Markusen（1989）[①]认为知识密集型生产者服务具有的差异性特征，决定了从国外引进的服务投入会成为进口国生产者服务的互补品而不是替代品；同时认为，生产性服务业对规模经济的依赖性强，服务贸易使服务业面临的消费市场规模变大，能够让跨国公司或出口企业以较低的成本向国外提供生产者服务。

新贸易理论从内生比较优势（即动态比较优势）的角度阐释了国际贸易的形成，这种动态的比较优势能够促使各国生产效率的提高。

（四）新兴贸易理论

20世纪80年代以来，杨小凯、黄有光等经济学家采用超边际分析的方法，重新阐述了国际贸易的原因。他们认为专业化和分工的程度越高，生产的效率也就越高，但分工越细、交易次数越多，企业间的交易费用也会随着增加，这就产生了专业化与交易费用的两难选择。当交易效率低下时，高昂的交易费用所造成的损失就会抵消分工的部分好处；反之，交易费用的下降会凸显出分工

① Markusen, James R., Trade in Producer Services and in Other Specialized Intermediate Inputs[J]. The American Economic Review, Vol. 79, No. 1.(Mar., 1989), pp. 85-95.

的好处。此时，专业化的分工就会要求更大的市场规模与其相适应，国家之间的贸易就会由此产生，随着交易效率的不断改进，专业化水平提高，生产率提升①。

第三节　生产性服务贸易促进制造业生产率提升的机制

本书在前面是从理论上分析了生产性服务贸易为何能够提升制造业的生产率，那么，生产性服务贸易具体又是通过什么途径以及是如何影响制造业生产率的？这就需要对服务贸易促进制造业生产率的机制进行深入的探讨。生产性服务进口贸易的实质就是将其他国家的生产性服务引进国内为本国制造业服务，亦即把生产所需的服务从原先的国内购买变成在世界范围内购买。因此，生产性服务贸易对制造业生产率的影响实质上就是生产性服务对制造业生产率的影响，但因服务贸易不同于货物贸易的特殊性以及国际贸易不同于国内贸易的特殊性，使得生产性服务贸易影响进口国制造业的机制又具有其自身的特点。总的来说，生产性服务贸易主要是通过以下 6 种效应来提升制造业生产率的。

一、贸易补充效应

当一国生产性服务缺乏时可通过引进国外先进的服务，弥补国内最终产品由于缺乏服务投入或服务投入质量低下所导致的比较劣势（Markusen，2005）。生产者服务还具有差异化的特点，通过服务贸易引进的国外生产者服务与国内生产者服务具有一定的互补性（Markusen，1989），Markusen 等（1990）也论证了进口服务是国内熟练劳动力的互补品。服务业跨国公司的 FDI 行为对东道国的作用尤为重要，因为可以有效弥补东道国服务企业生产效率低下、服务产品种类少、高端服务不足的缺点。服务贸易能给进口国带来原本稀缺的要素，在长期可能会改变东道国的要素禀赋和比较优势，使其产业技术水平和要素投入结构发生改变，从而促使其制造业提高效率，提升技术含量。贸易补充效应又包括进口种类效应和进口数量效应：

---

① 杨小凯，张永生 . 新兴古典经济学和超边际分析 [M]. 北京：中国人民大学出版社，2000:70.

（一）进口种类效应

进口种类效应是指一国进口的服务产品种类越多，该国能够获得的中间产品的种类就越多，蕴含在产品中的外国技术在国内生产中被使用得就越多，因此技术溢出的效应也就越大。Either(1982）首次将 D-S 效用函数引申为生产函数，论证了中间投入品种类的增加能够提高厂商的生产效率[①]，因为新的中间产品就意味着技术的进步（Rivera-Batiz and Romer，1991）。制造业通过增加对进口服务业中间投入的使用，可以使那些没有资源禀赋和技术比较优势的区域内生出新的比较优势，改善其国际分工的地位，促进制造业的发展和生产率的提升。

（二）进口数量效应

Romer(1990）认为技术就是一种知识，具有非竞争性和外部性，因此，一国进口的产品数量越多，技术外部性对进口国技术进步的影响也就越大。Coe and Helpman(1995）证明了一个国家从技术水平越高的国家进口的产品种类越多、数量越大，其技术进步的增长速度也就越快。

二、贸易竞争效应

某些服务行业垄断严重、效率低下，进口和外资的进入则会打破这种垄断局面，使市场竞争更加充分，能够使市场机制更有效地发挥作用。同时，某些行业过于分散，同样也是低效率的，竞争的优胜劣汰对东道国相关服务行业市场集中度的提高产生影响，有利于改善东道国市场结构和提高企业经营效率，使资源流入效率更高的企业以提升其生产率（Melitz，2002）。因此，面对进口服务尤其是商业存在带来的强大冲击，国内的服务企业不得不使用各种方法来应对，如增加投资以提供种类更多、质量更好、价格更低的服务产品。Stehmann（1995）[②] 对智利的研究发现，电信行业 FDI 的进入导致电信行业内

---

① Ethier，Wilfred J.National and International Returns to Scale in the Modern Theory of International Trade[J]. The American Economic Review，Vol. 72，No. 3(June.，1982)，pp. 389-405.

② O. Stehmann. Network Liberalization and Developing Countries，The case of Chile[J]. Telecommunications Policy，1995（19）：667-684.

部竞争更加激烈，价格下降很快；Claessens 等（2001）[①] 研究也发现，外资股份的增加导致当地银行业的竞争更加激烈。随着外国直接投资的进入，中国零售行业的集中度得到了逐步的提高（陈阿兴、陈捷，2004）；跨国公司的进入会有助于我国服务业市场竞争结构的改善和优化（刘飚，2005；肖文、林高榜，2009[②]）。这些都有助于提高进口国服务质量、降低服务成本（张楠、崔日明，2011），从而降低制造业的生产成本和交易成本，全面提升其生产率。

三、价值链分工效应

亚当·斯密认为劳动分工与专业化生产是劳动生产率提高的源泉[③]，而国际贸易的发生本身就是专业化与分工在国际市场中的体现。服务业从制造业当中分离所导致的产业分工细化就可能通过进口贸易扩展到进口国；而服务业跨国投资的发生，使得东道国生产者服务外部可获得性增强，能进一步促进东道国服务业与制造业的分离，在这个过程中，服务专业化提供以及产业分工的演进会使一国制造业企业生产率得到提高。

（一）促进生产性服务业价值链分工的形成与深化

Abraham 和 Taylor（1996）认为大部分的企业之所以更乐于通过外部市场（包括从国内和国外）来购买生产者服务，主要原因就在于外购生产性服务可以节约劳动力成本，同时还可以促进服务业的专业化生产。制造业企业将生产性服务活动进行垂直分解（Noyelle，1988），实施外部化，将研发、设计、采购等活动外包给生产性服务企业，促进了生产性服务业分工的深化，使其形成了一条完整的产业链。这条产业链能够为制造业企业提供全方位的支持，提高了不同阶段生产的产出价值和运行效率，成为其价值增长的主要源泉。

① S. Claessens, A. Demirguc-Kunt, and H. Huizinga, "How Does Foreign Entry Affect Domestic Banking Markets？" [J]. Journal of Banking and Finance, 2001（25）: 891-911.

② 肖文，林高榜 . FDI 流入与服务业市场结构变迁——典型行业的比较研究 [J]. 国际贸易问题，2009（2）:87-92.

③ [英] 亚当 · 斯密 . 国富论 [M]. 孙善春，李春长，译 . 沈阳：万卷出版公司，2008，1 : 4.

（二）促进制造业价值链分工的形成与深化

企业要充分发挥核心竞争力，就必须把不擅长的那部分业务外包出去，只专注于其核心业务。在企业价值链不同环节可以分离的情况下，将一部分价值链环节业务外包出去，只专注于其核心业务，可以实现制造业各个环节生产的专业化，充分发挥各环节的规模经济效应（刘明宇、芮明杰等，2010）。通过直接进口或购买跨国公司提供的生产性服务使进口国制造业可以各自专注于其最有竞争力的核心业务，实现专业化分工生产，从而对制造业规模经济效应的实现发挥重要作用，也使整个价值链的生产更有效率（邱爱莲、崔日明,2014）。

四、规模经济效应

规模经济效应既包括内部规模经济效应也包括外部规模经济效应，内部规模经济效应提升生产率的内在机制为：当企业内部生产规模扩大时，就可以用更加专业和集约的方式来提高各种生产要素的使用效率；外部规模经济效应带来生产率提升的关键在于外部性的存在（Marshall，1920），即随着企业所在的整个行业规模变大，专业化投入服务的可得性增加、高度专业化的劳动力供给和新思想的形成以及对基础设施的共享，这些都能够使行业当中单个厂商的平均成本下降。

生产者服务具有的两个特征——知识密集性和差异化，使其对规模经济有较大的依赖性（Markusen，1989）[①]。知识密集性使生产性服务具有边际收益递增的性质，需要大量的初始固定投资，但之后又可以以较低的成本提供额外的服务，因此规模经济效应在降低生产性服务业企业生产成本方面发挥着重要的作用；差异化的特点也决定了生产性服务业企业规模经济效应的发挥会受到市场规模大小的限制。生产性服务贸易一方面可以通过扩大服务厂商的市场范围来分摊其固定投入，促进其规模经济的实现，降低其服务提供的价格，使制造业成本下降，生产率提高。另一方面，生产性服务的大量引入，可以使进口国

① Markusen J.R.Trade in Producer Services and in Other Specialized Intermediate Inputs[J]. The American Economic Review, Vol. 79, No. 1.（Mar., 1989）, pp.85-95.

的制造业能够集中发展其具有核心竞争力的业务，专业化的生产可以减少其自我提供服务时所需要的各种成本，帮助制造业核心业务达到更大的规模，使企业生产率得以提升。

五、人力资本效应

罗默（1994）指出知识具有外溢效应，知识生产部门通过外溢效应机制可提高全社会的劳动生产率。服务由服务提供者提供，服务的质量归根到底还是取决于提供服务的人的素质，而生产性服务业是高知识密集型和高技术密集型的行业，对人力资本的水平要求更高。生产性服务贸易具有人力资本传送作用，对于服务业落后的发展中国家，生产性服务贸易的进口无疑可以改善这些国家服务业人力资本数量较少、质量较低的状况，进而可以促进进口国生产率的提升。Findlay（1978）和 Kokko（1998）认为示范、模仿和传播是跨国公司的技术溢出效应产生的重要途径，当跨国公司培训的员工流动到国内企业或自主创业时，会把服务业跨国公司先进的服务生产技术和管理经验等重要信息传播到东道国企业，使东道国节省了很多的培训成本，且技术也相应地得到了流动，从而促进东道国生产率的提升。

六、产业协同演进效应

生产性服务规模经济效果越显著，生产性服务从制造业中分离的动力越强，服务贸易会扩大服务产品的市场范围，加快生产性服务业分工和专业化的进程，发挥其规模经济效应，从而促进生产性服务业的升级、提高人力资本的水平、改善服务的质量，为制造业提供更多、更好、更便宜的中间服务投入品。同时可以使制造业专注于其核心业务，促进制造业内部分工的发展，这些都可以促进制造业生产率的全面提升。而服务供给质量的改善、价格的降低、制造业与服务业分工的深化又会激发进口国制造业对生产性服务产生更大规模的市场需求，激励其进一步扩大对此类服务品的进口，使服务业获得更好的发展，进一步降低服务提供的成本，促进制造业生产率的进一步提升，从而使两大产业进入良性发展的轨道，形成两业协同互动发展的良性循环。

第四章 中国生产性服务业和制造业互动发展现状

制造业是一国经济的“发动机”，而生产性服务业则是经济发展的“黏合剂”，两者的协同发展才能推动一国经济的良性运转。中国生产性服务业自身及其进口贸易发展状况是否健康良好，关系到能否为中国制造业提供质优价廉的中间产品。中国制造业在国民经济中的地位如何及其存在的主要问题是什么，制造业客观上是否需要生产性服务业对其进行支撑是研究的重要出发点之一。生产性服务业与制造业两者之间是否已经形成了良好的互动以及两者在互动发展过程中是否存在问题是引入生产性服务贸易溢出效应研究必要性的另一个现实的出发点。这三个问题都会直接或间接地影响到中国制造业全要素生产率的提升，所以，本章接下来将要探讨的就是这三个方面的问题。

第一节 中国生产性服务业发展现状

一、生产性服务业范围的界定

不同的学者出于研究的需要或由于借助的标准不同，选择的生产性服务业的范围也因此各有不同，有的范围界定甚至差距较大。因此为了减少偏误，使研究的结果更加科学、准确、合理，本书结合前面对生产性服务概念和特征的描述，以及根据投入产出表各产业部门之间的内在联系，选择了中间需求率这一指标来从众多服务业中将生产性服务业科学准确地筛选出来。投入产出法是一种研究经济系统各个部分之间相互依存关系的经济数量分析方法，与之对应的是投入产出表，也称为产业关联表，以矩阵的形式描述国民经济各部门在一定时期生产活动的投入来源和产出使用去向，揭示国民经济各部门之间相互依存、相互制约的数量关系。完整的价值型投入产出表包括中间使用、最终使用、中间投入和增加值四个部分。从投入产出表中，我们可以分析生产性服务业的产出规模、发展速度及其与其他产业的关联情况等内容。

（一）中间需求率与生产性服务业

中间需求率（h_i）是反映某一产业部门的总产出中有多少比例作为其他产业所需要的原料，其计算公式为：

$$h_i = \sum_{j=1}^{n} x_{ij} / \left(\sum_{j=1}^{n} x_{ij} + Y_i\right) \tag{4.1}$$

$\sum_{j=1}^{n} x_{ij}$ 和 Y_i 分别代表国民经济各行业对第 i 产业的中间需求和最终需求①，一个产业的中间需求率越高，说明该部门越具有原料产业的性质，则该产业的发展更需要依靠其他产业对它的中间需求来拉动；反之，则说明该产业的发展更多地依靠最终需求来拉动。服务的中间需求率，又称为服务的资本品比率，是服务的中间使用合计在服务总产出中的比重，该比率反映了服务部门是否具有生产资料的特性。某服务部门的资本品比率越高，则该服务部门就越具有生产者服务的性质。按照惯例，本书也将中间需求率超过 50% 的服务业部门界定为生产性服务业。

（二）生产性服务业的筛选

1. 生产性服务业范围的确定

本书利用 2007 年和 2010 年两张投入产出表的数据，对我国服务业中间需求率进行了计算，结果见表 4–1 和表 4–2。可以看出，投入产出表中共有 16 个服务业部门，2007 年中间需求率超过 50% 的部门达到了 10 个，2010 年为 9 个，中国

表 4–1　2007 年服务业资本品比率（单位：万元；%）

2007	总产出	中间使用合计	中间需求率
研究与试验发展业	13790171	13441403	97.47
邮政业	7307574	6461622	88.42
租赁和商务服务业	117845810	91760512	77.86
交通运输及仓储业	317001113	244750616	77.21
金融业	194810240	145562416	74.72
综合技术服务业	43970864	32467621	73.84
住宿和餐饮业	148154357	85052449	57.41

① 此处的 i 和 j 分别是指投入产出表中的行和列，所以中间需求率是从行的角度考察各行业（j=1，2，…，n）对某一行业的中间消耗和最终消耗。

续表

2007	总产出	中间使用合计	中间需求率
信息传输、计算机服务和软件业	100304221	55161079	54.99
文化、体育和娱乐业	35409067	18589346	52.50
批发和零售业	288325411	147136556	51.03
平均值			70.55
居民服务和其他服务业	87543772	43375886	49.55
水利、环境和公共设施管理业	21582482	6739494	31.23
房地产业	147746232	36789607	24.90
教育	130658479	12904146	9.88
卫生、社会保障和社会福利业	111225631	10601946	9.53
公共管理和社会组织	158175717	1353563	0.86
总平均值			51.96

大部分服务业体现出了“物化服务”的特征。2007 年和 2010 年服务业整体中间需求率平均值分别高达 51.96% 和 50.47%；中间需求率超过 50% 的部门平均值则更是分别高达 70.55% 和 72.49%，说明这些部门的生产主要是为其他部门作为中间投入来使用的，充分体现出了这些生产性服务部门中间品和资本品的特征，其发展也更依赖其他部门的需求。

表 4-2　2010 年服务业资本品比率（单位：万元；%）

行　业	总产出	中间使用合计	中间需求率
邮政业	12575357	11663435.4695	92.75
交通运输及仓储业	480103201.1236	431017701.4426	89.78
金融业	322865825.537	250133409.205	77.47
租赁和商务服务业	217730174.573	163848060.4041	75.25
综合技术服务业	89421060.2436	66055073.6638	73.87
研究与实验发展业	31315400.2633	22532404.1588	71.95
住宿和餐饮业	216726852.8906	138397935.643	63.86
批发和零售贸易业	430217189.414	233358401.5158	54.24
文化、体育和娱乐业	49302451.512	26247228.4452	53.24
平均值			72.49

续表

行　业	总产出	中间使用合计	中间需求率
信息传输、计算机服务和软件业	168665110.0629	81976306.3445	48.60
居民服务和其他服务业	119077579.8029	55790117.2802	46.85
水利、环境和公共设施管理业	43346421.2341	11932273.4041	27.53
房地产业	301217564.307	61467574.9253	20.41
卫生、社会保障和社会福利业	166845589.3453	11702421.8365	7.01
教育	162116722.8674	6274730.0498	3.87
公共管理和社会组织	251437853.174	2251693.2804	0.90
总平均值			50.47

数据来源：中国投入产出学会投入产出表（http://www.iochina.org.cn/Download/xgxz.html）

2007 年服务业资本品比率超过 50% 的部门按排名先后顺序分别是：（1）研究与试验发展业；（2）邮政业；（3）租赁和商务服务业；（4）交通运输及仓储业；（5）金融业；（6）综合技术服务业；（7）住宿和餐饮业；（8）信息传输、计算机服务和软件业；（9）文化、体育和娱乐业；（10）批发和零售业。2010 年以上行业除了信息传输、计算机服务和软件业中间需求率低于 50% 外，其他各行业中间需求率仍然都超过了 50%。

2. 生产性服务业范围的调整

按照定义，上述 10 个部门都是生产性服务业，但是，结合生产性服务的特征和中间需求率计算的结果，本书将研究与试验发展业，邮政业，租赁和商务服务业，交通运输及仓储业，金融业，综合技术服务业，信息传输、计算机服务和软件业，批发和零售业等 8 个部门界定为生产性服务业。这其中的理由为：

（1）虽然对邮政业中间需求最大的是服务业，但《中国统计年鉴》中将其和交通运输及仓储业合并在一起，而且其中间需求率极高，所以，此处将其包括进来。

（2）信息传输、计算机服务和软件业虽然 2010 年中间需求率跌到了 50% 以下，但其 2007 年和 2010 年中间需求的大部分投入到了工业部门（见表 4-3

和表 4–4），所以此处也将其包括进来。

（3）去掉住宿和餐饮业以及文化、体育和娱乐业是因为其主要使用对象为服务业本身，而不是第一和第二产业。2010 年住宿和餐饮业中间总投入投入到三次产业的比率分别为 1.34%、39.97% 和 58.68%；文化、体育和娱乐业中间总投入投入到三次产业的比率分别为 0.59%、38.55% 和 60.86%（见表 4–3 和表 4–4），所以这两个行业明显具有消费性服务的特征，故本书将其从生产性服务业中排除。

表 4–3　2007 年服务业各行业中间需求的结构（单位：%）

2007	中间需求率	农业	工业	服务业
研究与试验发展业	97.47	5.42	80.58	14.00
邮政业	88.42	4.99	36.58	58.43
租赁和商务服务业	77.86	0.78	45.44	53.78
交通运输及仓储业	77.21	3.13	75.08	21.79
金融业	74.72	2.79	63.29	33.92
综合技术服务业	73.84	9.51	75.12	15.37
住宿和餐饮业	57.41	1.52	41.26	57.22
信息传输、计算机服务和软件业	54.99	3.14	58.76	38.09
文化、体育和娱乐业	52.50	0.66	39.61	59.73
批发和零售业	51.03	4.91	78.78	16.31
居民服务和其他服务业	49.55	4.28	44.87	50.85
水利、环境和公共设施管理业	31.23	14.66	48.02	37.32
房地产业	24.90	0.28	32.39	67.32
教育	9.88	3.70	22.74	73.56
卫生、社会保障和社会福利业	9.53	4.28	74.75	20.97
公共管理和社会组织	0.86	11.20	54.46	34.35

表 4–4　2010 年服务业各行业中间需求的结构（单位：%）

2010	中间需求率	农业	工业	服务业
邮政业	92.75	3.76	31.19	65.04
交通运输及仓储业	89.78	2.97	67.84	29.19
金融业	77.47	2.20	52.11	45.69
租赁和商务服务业	75.25	0.62	47.89	51.49

续表

2010	中间需求率	农业	工业	服务业
综合技术服务业	73.87	8.10	74.83	17.07
研究与实验发展业	71.95	4.58	81.50	13.92
住宿和餐饮业	63.86	1.34	39.97	58.68
批发和零售贸易业	54.24	4.08	78.51	17.41
文化、体育和娱乐业	53.24	0.59	38.55	60.86
信息传输、计算机服务和软件业	48.60	2.73	54.36	42.91
居民服务和其他服务业	46.85	3.83	29.68	66.49
水利、环境和公共设施管理业	27.53	14.27	46.97	38.76
房地产业	20.41	0.24	28.09	71.67
卫生、社会保障和社会福利业	7.01	3.49	75.26	21.24
教育	3.87	3.80	22.03	74.17
公共管理和社会组织	0.90	9.35	47.49	43.16

（4）虽然租赁和商务服务业主要需求对象也是服务业，但其在工业中的需求呈上升趋势并且非常接近 50%（见表 4–3 和表 4–4），而且大部分的学者也将其视为生产性服务业，因此本书也将其视为生产性服务业。

另外，虽然《国民经济行业分类》和投入产出表中服务业的分类不完全一致，但也没有太大不同。所以基于投入产出表的分类说明以及按照中间需求率超过 50% 的标准，本书进一步将生产性服务业界定为《国民经济行业分类》（GB/T 4754—2011）第三产业中的交通运输、仓储和邮政业，信息传输、计算机服务和软件业，批发和零售业，金融业，租赁和商务服务业，科学研究、技术服务和地质勘查业 6 个行业。

二、生产性服务业发展概况

（一）总量增长快

在总量增长方面，2010 年我国的生产性服务业产值为 157464.9 亿元，是 1981 年的 11176 倍，虽然这与我国初始服务业极不发达有一定的关系，但总量增长还是非常巨大的，因为同期的国民产出仅增长了 72 倍，而服务业总产值增长了92倍左右。在增长速度方面，1981年到2010年中国生产者服务业在大多数年份增长迅速，增速不仅超过社会总产出，而且也高于服务业总产出的增长速度。1981—2010年，社会总产出、服务业总产出和生产者服务的年均增长率分别为15.95%、16.92%和17.66%（见表4-5）。

表4-5　生产性服务发展概况　（单位：亿元；%）

项目	代码	1981	1983	1987	1990	1992	1995
社会总产出	A	17140.1	20876.8	35582.5	42213.4	68464	156544.9
	B	—	10.4	14.3	5.9	27.4	31.8
服务业总产出	A	3290.6	4204	8178.1	7584.4	16964.3	30908
	B	—	13	18.1	-2.5	49.6	22.1
服务投入（生产性服务）	A	1408.9	1712.9	3880.2	3578.9	9545.4	17547
	B	—	10.3	22.7	-2.7	63.3	22.5
	C	8.2	8.2	10.9	8.5	13.9	11.2
	D	42.8	40.7	47.5	47.2	56.3	56.8
物质投入	A	7489.5	9327.4	15849.6	21100.8	32274.3	79549.8
	B	—	11.6	14.2	10	23.7	35.1
	C	43.7	44.7	44.5	50	47.1	50.8
项目	代码	1997	2000	2002	2005	2007	2010
社会总产出	A	199844.2	257552.8	313430.5	546764.7	818859	1252644.9
	B	13	8.8	10.3	20.4	22.4	15.2
服务业总产出	A	42438	58134.9	94292.7	148445	192385.1	306296.4
	B	17.2	11.1	27.4	16.3	13.7	16.8
服务投入（生产性服务）	A	22116	31310.6	46084.2	77184	95214.8	157464.9
	B	12.2	12.3	21.3	18.8	11.1	18.3
	C	11.1	12.2	14.7	14.1	11.6	12.57
	D	52.1	53.9	48.9	52	49.5	51.4
物质投入	A	102024.2	133895.3	145487.4	283324.7	457600.3	691531
	B	13.2	9.5	4.2	24.9	27.1	14.8
	C	51.1	52	46.4	51.8	55.9	55.2

注:（1）本表1990年以前的投入产出数据来自李强和薛天栋（1998），其余各期数据来自《中国统计年鉴》中的投入产出表;（2）字母代表的含义：A—总量，B—增长率，C—占社会总产出比重，D—占服务业总产出比重。

（二）地位上升快

在比重方面，在 1990 年以前的大多数年份里，中国生产者服务在社会总产出的比重不到 10%，随后开始缓慢上升，2002 年达到最高点 14.7%，之后有轻微下降，2010 年接近 13%。1981—1995 年，生产性服务占服务业总产出的比重增长迅猛，由 42.8% 猛升到 56.8%，之后虽有所下降，但基本稳定在 50% 左右。其产出已经占到了服务业产出的半壁江山，说明我国的生产者服务业发展较为快速，在国民经济中的地位正变得日益重要，但由于起步较低，对国民经济的贡献还比较小。

三、投入增速波动幅度大

通过对物质投入和服务投入增长速度的比较还可以看出：一方面，中国经济中的服务投入增速波动幅度相对较大，而物质投入的增幅则相对比较平稳。另一方面，社会总产出中物质投入的比重（平均值为 49.43%）大大超过生产者服务投入的比重（平均值为 11.43%）。这充分说明虽然生产性服务发展速度非常的快但还不够稳定，我国国民经济的增长还主要依赖物质的大量投入。

四、是典型的“高附加值，低拉动型”的产业

中间投入率（f_i）表示某个产业部门在其生产过程中的中间投入在总投入中的比重，可以用来考察一个产业部门的性质，其计算公式为：

$$f_j = \sum_{i=1}^{n} x_{ij} / \left(\sum_{i=1}^{n} x_{ij} + N_j\right) \qquad (4.2)$$

$\sum_{i=1}^{n} x_{ij}$ 和 N_j 分别代表国民经济中第 j 产业的中间投入和增加值（两者相加的总值就是第 j 产业的总投入）。某一产业的中间投入率越高，说明该产业的附加值比率就越低，该产业就是“低附加值、高带动型”的产业；反之，则是“高附加值，低带动型”的产业。通常认为，当 $f_j>0.5$ 时，该行业就是典型的“低附加值，高带动型”产业；当 $f_j<0.5$ 时，该产业就是典型的“高附加值，低带动型”产业。

从表 4–6 可以看出，2010 年我国 16 个服务业中间投入率的平均值为 0.49，所以我国的生产性服务业整体上是“高附加值，低拉动型”的行业特征，但是

与制造业整体投入率都高不同，服务业中有 8 个部门是高于 0.5 的，按由高到低的排序分别是租赁和商务服务业，卫生、社会保障和社会福利业，住宿和餐饮业，文化、体育和娱乐业，研究与试验发展业，居民服务和其他服务业，交通运输及仓储业和邮政业 8 个部门。但是这 8 个行业中只有 3 个是生产性服务业部门，说明虽然有些服务业部门对其他经济部门拉动作用也挺大，但生产性服务业仍然体现出了典型的“高附加值，低拉动型”的特征，即对国民经济其他部门的拉动作用是比较小的。

表 4-6　2010 年服务业中间投入率①

行业代码	27	28	29	30	31	32	33	34
中间投入率	0.54	0.51	0.40	0.40	0.62	0.31	0.17	0.68
行业代码	35	36	37	38	39	40	41	42
中间投入率	0.56	0.46	0.49	0.54	0.44	0.66	0.57	0.45

注：本表数据根据中国投入产出学会网站 2010 年投入产出表数据计算得来。

五、在三大产业中的投入不平衡

经过我们上面的分析，知道我国大部分服务业都具有生产资料的特征，其生产主要是为其他部门的生产服务的。那么，这些服务部门主要是为哪些部门服务的呢？这就需要对服务业中间需求率及其构成进行考察。服务业中间需求率是指服务的中间投入占服务总产出的比重，即表示服务业总产出中有多少被其他部门用作中间投入；服务业中间需求率的构成则是指各部门或行业使用的服务中间投入占服务业总中间投入的比例。经过计算，本书得到了以下结论：

① 各行业代码及名称，27：交通运输及仓储业；28：邮政业；29：信息传输、计算机服务和软件业；30：批发和零售业；31：住宿和餐饮业；32 金融业：33：房地产业；34：租赁和商务服务业；35：研究与试验发展业；36：综合技术服务业；37：水利、环境和公共设施管理业；38：居民服务和其他服务业；39：教育；40：卫生、社会保障和社会福利业；41：文化、体育和娱乐业；42：公共管理和社会组织。

（一）服务主要投入去向为二、三产业

从对服务中间需求的角度看，我国对服务的中间需求占对服务总需求的比例在 50% 左右（如表 4–7 所示），30 年增长了 20% 多。这表明我国的服务业总产出中有大约一半投入到了其他部门作为这些部门的中间投入。从对服务中间需求的构成来看，工业的中间需求占比最高，占所有产业对服务业中间需求的比例平均值接近 60%，但呈波动性；服务业的中间需求占其次，占所有产业中间需求的比例的平均值接近于 35%，近年虽有波动但总体呈增长的趋势；农业的中间需求最小（平均值仅为 6.04%）且下降趋势比较明显，2010 年更是低至 2.8%。这说明我国服务业中间总投入中一半以上流入了第二产业，三分之一以上流入了服务业本身，对农业的投入还不到一成。美国服务业的中间需求率从 20 世纪 90 年代末期开始就一直维持在 45% 左右，韩国服务业的中间需求率也在 40%—45% 之间，与美国和韩国相比，我国服务业的中间需求率偏高，这

表 4–7　我国生产性服务业中间需求率及其构成（单位：%）

年份＼数据	服务的中间投入	服务中间需求率	分行业服务中间需求构成		
			农业	工业	服务业
1981	1408.9	42.8	9.7	63.7	26.7
1983	1712.9	40.7	10.2	58.4	31.4
1987	3880.2	47.4	6.8	63.4	29.8
1990	3578.9	47.2	7.8	61.2	31
1992	9545.4	56.3	5.7	58.9	35.4
1995	17547	56.8	6.6	62.8	30.6
1997	22116	52.1	5.9	57.6	36.4
2000	31310.6	53.9	5.3	56.8	37.9
2002	46084.2	48.9	4.9	53.5	41.5
2005	77184	52	3.5	57	39.4
2007	95214.8	49.5	3.3	56.1	40.7
2010	157464.9	51.4	2.8	58.2	39
平均值	38920.65	49.92	6.04	58.97	34.98

注：三次产业占用生产性服务的比例 = 行业使用的服务中间投入 / 服务总中间投入 × 100%；本表依据历年中国投入产出表的数据计算得来。

表 4-8　我国各年生产性服务对国民经济各行业贡献排名　（单位：%）

2005 年		2007 年		2010 年	
国民行业	服务投入率	国民行业	服务投入率	国民行业	服务投入率
金融保险业	27.59	金融业	24.62	金融业	28.75
其他服务业	20.34	批发零售贸易、住宿和餐饮业	22.88	运输仓储邮政、信息传输、计算机服务和软件业	22.79
批发零售贸易、住宿和餐饮业	19.85	其他服务业	19.51	房地产业、租赁和商务服务业	19.87
运输邮电业	19.76	运输仓储邮政、信息传输、计算机服务和软件业	18.50	批发零售贸易、住宿和餐饮业	17.58
房地产业、租赁和商务服务业	19.75	房地产业、租赁和商务服务业	16.36	建筑业	17.16
建筑材料及其他非金属矿物制品业	16.96	建筑业	15.03	其他服务业	16.75
建筑业	15.05	非金属矿物制品业	10.98	非金属矿物制品业	12.31
采掘业	13.88	采矿业	10.92	机械设备制造业	10.56
其他制造业	13.37	电力、热力及水的生产和供应业	9.07	采矿业	10.42
电力、热力及水的生产和供应业	13.36	食品、饮料制造及烟草制品业	8.97	化学工业	10.09
机械设备制造业	12.07	机械设备制造业	8.97	食品、饮料制造及烟草制品业	9.71

续表

2005年		2007年		2010年	
国民行业	服务投入率	国民行业	服务投入率	国民行业	服务投入率
纺织、缝纫及皮革产品制造业	11.56	化学工业	8.67	电力、热力及水的生产和供应业	9.69
化学工业	11.01	其他制造业	7.79	其他制造业	9.12
食品制造业	10.59	纺织、服装及皮革产品制造业	7.34	纺织、服装及皮革产品制造业	8.02
金属产品制造业	10.39	金属产品制造业	7.27	金属产品制造业	7.68
炼焦、煤气及石油加工业	7.8	农、林、牧、渔业	6.33	农、林、牧、渔业	6.46
农业	6.95	炼焦、燃气及石油加工业	6.31	炼焦、燃气及石油加工业	4.96

注：2005年数据引用自顾国达、周蕾（2010）（单位：%）[①]；其他年份数据来源于《中国统计年鉴》投入产出表；服务投入占总投入的比重[各行业服务中间投入/该行业总投入（总产出）×100%]

① 顾国达，周蕾．全球价值链角度下我国生产性服务贸易的发展水平研究——基于投入产出方法[J]. 国际贸易问题，2010（5）：61-69.

表明我国服务业的中间需求旺盛。

（二）在第二产业的总投入中的比重不高

从上面的分析我们已经知道三大产业对我国的生产性服务需求是不平衡的，那么在各行业内部，生产性服务对具体行业的贡献又是怎样的呢？这可以通过计算生产性服务对国民经济具体行业的贡献来了解，该指标用服务中间投入率来表示。中间投入是指一个部门在生产过程中消耗掉的其他部门的产出，所以，某部门的中间投入率就是该部门的中间投入与总投入之比。一个部门的服务中间投入率能反映该行业生产中对服务投入的依赖程度。

从表 4–8 可以看出，生产性服务业对金融保险业、其他服务业等服务业的贡献最大，对建筑业、制造业等工业部门的贡献次之，对农业部门的贡献最小。金融业，批发零售贸易、住宿和餐饮业，其他服务业，运输仓储邮政、信息传输、计算机服务和软件业，房地产业、租赁和商务服务业 5 个部门为各年始终排在前面的行业，其中金融业始终是使用生产性服务最多的行业。炼焦、燃气及石油加工业和农、林、牧、渔业一直是使用生产性服务最少的行业。该表再次印证了我们上面得出的生产性服务业主要为服务业和第二产业服务的结论。

结合表 4–7 的数据可以看出，虽然我国服务业中间总投入的一半以上流入了第二产业，即我国的生产性服务主要需求对象为第二产业，但其对工业的投入率并不高，对制造业的贡献度也不高，反而是对服务业本身的贡献最大。这再一次印证了本书上面的论证，即我国经济的发展主要依赖的是物质投入而不是主要依赖服务投入。虽然生产性服务在制造业总投入中的比例不高，但是值得注意的是，在大部分制造业部门中的比例呈上升的趋势，这反映了随着我国经济的发展，制造业对生产性服务的需求和依赖程度在增加，生产性服务业在制造业发展过程中的地位越来越重要。

六、生产性服务业存在的问题

（一）在国民经济中的比重偏低

表 4–9　服务业在国民经济中的比重

年份	第三产业增加值（亿元）	服务业占 GDP 比重（%）
1997	26988.15	34.17
1998	30580.47	36.23
1999	33873.44	37.77
2000	38713.95	39.02
2001	44361.61	40.46
2002	49898.90	41.47
2003	56004.73	41.23
2004	64561.29	40.38
2005	74919.28	40.51
2006	88554.88	40.94
2007	111351.95	41.89
2008	131339.99	41.82
2009	148038.04	43.43
2010	173595.98	43.24
2011	205205.02	43.37
2012	231934.48	44.65
2013	262203.79	46.09
均值		40.98

注：本表根据中华人民共和国国家统计局网站数据计算得来。

我国的生产性服务业在国民经济中的比重偏低，2010 年我国生产性服务业增加值占 GDP 的比重为 21.22%，而美国在 2008 年生产性服务业比重就已经达到了 45.64%，而我国服务业 1997—2013 年增加值占 GDP 的比重一直在 40% 左右徘徊（见表 4–9）。通过前面的数据分析我们已经知道，我国的生产者服务业产出为服务业产出的一半左右，这就意味着我国生产性服务业在国民经济中的比重更低，我国出现了“经济服务化悖论”（霍景东、黄群慧，2012）[①]。

（二）与国民经济其他部门的关系不够紧密

分析部门间的技术经济联系使用的是产业关联系数，使用最为广泛的产业关联系数是影响力系数和感应度系数。

1. 影响力系数

该系数是反映国民经济某一部门最终产品增加 1 个单位时，对其他各部门所产生的需求波及程度。影响力系数（F_j）的计算公式为：

$$F_j = \sum_{i=1}^{n} b_{ij} \Big/ \left(\frac{1}{n}\sum_{i=1}^{n}\sum_{j=1}^{n} b_{ij}\right) \quad (i，j=1，2，\cdots，n) \tag{4.3}$$

上式中的 b_{ij} 为里昂惕夫逆矩阵元素。影响力系数 F_j 就是里昂惕夫逆矩阵（为完全消耗系数矩阵 B 加上单位阵 I）列的和除以里昂惕夫逆矩阵各列和的平均值。F_j 越大，该产业部门对各部门产出的拉动作用就越大，当 $F_j>1$ 时，该部门的生产对其他部门所产生的波及影响程度超过社会平均影响水平；当影响力系数 $F_j<1$ 时，表明该部门的生产对其他部门所产生的波及影响程度低于社会平均影响水平。

2. 感应度系数

该系数是反映当国民经济各部门都增加一个单位最终使用时，某一部门感受到的需求感应程度，也就是需要该部门为其他部门的生产提供多少产出的数量。感应力系数（E_i）的计算公式为：

$$E_i = \sum_{j=1}^{n} b_{ij} \Big/ \left(\frac{1}{n}\sum_{i=1}^{n}\sum_{j=1}^{n} b_{ij}\right) \tag{4.4}$$

E_i 越大，第 i 部门受到的需求压力越大，说明其他部门的发展就越需要该部门，当 $E_i>1$ 时，表示该部门受到的感应程度高于社会平均感应程度；当

① 进入 20 世纪 80 年代以后，服务和制造深度融合，服务业和制造业的边界日益模糊，服务消费、服务就业成为经济社会发展的动力源泉，全球服务业比重由 1980 年的 56.5% 上升到 2010 年的 70.7%；2010 年，低收入国家第三产业增加值占 GDP 的比重达到 49.7%，高收入国家达到 74.9%；中等收入国家为 54.8%；大部分经济体第三产业增加值占 GDP 的比重超过 50%，全球经济进入服务主导的阶段。我国服务业比重偏低，不仅低于世界平均水平，而且也落后于我国的工业化进程，人们把这一现象称为“经济服务化悖论”。

E_i<1 时，表示该部门受到的感应程度低于社会平均感应程度。

我国的生产性服务业与其他行业的产业联系不够紧密，表现为生产性服务业的影响力系数和感应度系数都比较小，从表 4-10 可以看出，2007 年生产性服务业中仅有 1 个部门的影响力系数大于 1，仅有 3 个部门的感应度系数大于 1，这些数据表明中国生产性服务业与我国国民经济其他产业或部门的前后向联系都相对较弱，说明中国服务业的增长不能对国民经济产生应有的带动作用，而且受其他部门的需求拉动的影响也不大。这可能与我国企业内部组织结构“大而全”“小而全”的模式密切相关，另外也可能与我国服务业发展水平低下有关，我国的服务业不能为其他产业部门提供企业所需的数量丰富的、价格低廉的高质量的生产性服务，使得我国的企业更习惯于自我提供生产性服务而不是在外部市场进行购买，这就对我国服务业的发展形成了阻碍，而这又反过来会影响到其他产业尤其是制造业全要素生产率的提升，从而形成了恶性循环的局面。

表 4-10　2007 年服务业各部门影响力系数和感应度系数

排名	部门	影响力系数	部门	感应度系数
1	卫生、社会保障和社会福利业	1.087	交通运输及仓储业	1.468
2	租赁和商务服务业	1.084	金融业	1.130
3	研究与试验发展业	0.970	批发和零售业	1.051
4	居民服务和其他服务业	0.922	租赁和商务服务业	0.796
5	文化、体育和娱乐业	0.921	住宿和餐饮业	0.778
6	住宿和餐饮业	0.917	信息传输、计算机服务和软件业	0.585
7	交通运输及仓储业	0.884	居民服务和其他服务业	0.581
8	邮政业	0.856	房地产业	0.536
9	水利、环境和公共设施管理业	0.844	综合技术服务业	0.516
10	综合技术服务业	0.835	文化、体育和娱乐业	0.448
11	公共管理和社会组织	0.794	研究与试验发展业	0.412
12	教育	0.784	水利、环境和公共设施管理业	0.401

续表

排名	部门	影响力系数	部门	感应度系数
13	信息传输、计算机服务和软件业	0.773	教育	0.399
14	批发和零售业	0.721	卫生、社会保障和社会福利业	0.398
15	金融业	0.613	邮政业	0.382
16	房地产业	0.507	公共管理和社会组织	0.348

注：本表数据根据中国投入产出学会 2007 年投入产出表数据计算得来。

（三）在制造业总投入中的占比不高

经过前面的分析我们知道，服务投入在国民经济各部门中的比重是不平衡的，由于本书主要研究的是服务投入与制造业的关系，所以有必要对这两者的关系单独进行分析。中国统计年鉴投入产出表中行业分类比较少，而中国投入产出学会投入产出表的分类更为细化，所以这里采用后者的数据来对制造业中服务投入的贡献做进一步的分析。

表 4-11　各行业服务投入率（单位：%）

2007 年	服务投入率	2010 年	服务投入率
水的生产和供应业	15.24	建筑业	17.16
建筑业	15.03	水的生产和供应业	16.13
非金属矿及其他矿采选业	13.82	非金属矿及其他矿采选业	13.53
煤炭开采和洗选业	13.43	非金属矿物制品业	12.31
非金属矿物制品业	10.98	煤炭开采和洗选业	11.74
金属矿采选业	10.93	通信设备、计算机及其他电子设备制造业	11.67
通信设备、计算机及其他电子设备制造业	9.48	电气、机械及器材制造业	10.90
电气机械及器材制造业	9.11	金属矿采选业	10.69
木材加工及家具制造业	9.02	通用、专用设备制造业	10.25

续表

2007 年	服务投入率	2010 年	服务投入率
食品制造及烟草加工业	8.97	木材加工及家具制造业	10.25
通用、专用设备制造业	8.86	化学工业	10.09
电力、热力的生产和供应业	8.84	纺织服装鞋帽皮革羽绒及其制品业	10.02
纺织服装鞋帽皮革羽绒及其制品业	8.73	仪器仪表及文化办公用机械制造业	9.91
化学工业	8.67	燃气生产和供应业	9.81
交通运输设备制造业	8.44	造纸印刷及文教体育用品制造业	9.80
工艺品及其他制造业	8.42	食品制造及烟草加工业	9.71
造纸印刷及文教体育用品制造业	8.39	交通运输设备制造业	9.64
仪器仪表及文化办公用机械制造业	8.34	电力、热力的生产和供应业	9.42
燃气生产和供应业	8.24	金属制品业	8.64
金属制品业	7.60	金属冶炼及压延加工业	7.39
石油和天然气开采业	7.19	工艺品及其他制造业（含废品废料）	6.83
金属冶炼及压延加工业	7.13	纺织业	6.54
纺织业	6.35	石油和天然气开采业	6.44
石油加工、炼焦及核燃料加工业	6.21	石油加工、炼焦及核燃料加工业	4.96
废品废料	1.73		
第二产业平均值	9.24	第二产业平均值	10.45

注：服务投入占总投入的比重称为服务投入率；数据来源：根据中国投入产出学会投入产出表数据计算得来，http://www.iochina.org.cn/Download/xgxz.html。

从表 4-11 可以看出，2007 年第二产业服务投入率超过 10% 的部门有 6 个，其中只有 1 个（非金属矿物制品业）为制造业，而且只排在第 5 位；2010 年第二产业服务投入率超过 10% 的部门有 11 个，制造业部门达到了 7 个，但排在前五位的仍然只有非金属矿物制品业。虽然工业对我国服务业中间需求率高达 60%，即服务业的中间投入大部分都流入了第二产业，但服务投入在第二产业尤其是制造业总投入中的比例却不是很高。2007 年第二产业服务投入率平均值为9.24%，2010年平均值为10.45%，而英国在2000年第二产业服务投入率平均值已经达到了12.3%，2000年美国第二产业服务投入率平均值更是高达21.5%（程大中，2006），说明我国制造业服务投入比例虽然越来越高，但是和欧美发达国家相比还需要继续加大生产性服务的投入。

第二节　中国生产性服务贸易发展现状

虽然中国已经成为世界第一制造大国，但我国制造业生产率比较低下，面临的国际竞争形势异常严峻，这就需要加大制造业的服务投入来提高其全要素生产率。但是从历年的投入产出表可以看出：中国的生产性服务业影响力系数和感应度系数都比较小，我国的生产性服务业发展还比较滞后。虽然中国生产性服务业中间投入中的绝大部分都投入了制造业，但其在制造业总投入中的比重较小，对制造业的贡献还非常有限。这说明有必要对从国外引进生产性服务（即生产性服务贸易）发展的状况进行深入的探讨①，总结出我国生产性服务商业存在和跨境贸易两种形式的进口的共性特点及不同之处，并指出其发展中存在的问题。

一、世界及中国服务贸易概况

（一）世界服务贸易发展概况

全世界服务贸易总额1970年为700多亿美元，1980年为3800亿美元，10年间增长了4倍多。特别是20世纪90年代后，经济全球化进程加快，国际服务贸易迅猛增长，成为国际贸易的主要对象和内容，由此导致服务贸易在国

① 按照GATS的定义，服务贸易包括跨境交付、境外消费、商业存在和自然人流动4种。BOP上反映的服务贸易的数据包括跨境交付、过境消费以及自然人流动3种提供模式。本书根据需要将生产性服务贸易分成跨境服务贸易（对应BOP中的统计，简称“跨境贸易”）和商业存在（即生产性服务业FDI提供的服务，对应于FATS统计）两大类。本书研究的生产性服务贸易是商业存在（对应我国引进的生产性服务业FDI提供的服务）和生产性服务进口（即BOP中的进口）。按照GATS对服务贸易的定义，BOP上反映的服务贸易的数据主要包括跨境交付、过境消费以及自然人流动提供模式。

际贸易中的地位不断上升。1990 年为 8660 亿美元，2000 年为 29694 亿美元，2010 年则上升为 74330 亿美元，其平均增长速度超过了同期货物贸易的增长速度。2013 年世界服务贸易更是体现出了增速加快的趋势，世界服务贸易总额为 89650 亿美元，服务出口 46250 亿美元，同比增长 6%，服务进口 43400 亿美元，同比增长 4%。而同期世界货物进出口与 2012 年基本持平，增速比上年小幅下滑 0.9 个百分点。从表 4–12 可以看出，最近几年全世界货物贸易增长率呈下降趋势，而服务贸易却呈上升趋势，但不可忽视的是，世界服务贸易的比重比货物贸易的比重小得多，2013 年服务出口仅为货物出口的 25.3%（详见表 4–12）。

表 4–12　2013 年世界货物和服务出口增长情况

项目	金额（亿美元）	增长率（%）			
	2013 年	2011 年	2012 年	2013 年	2005—2013 年
货物出口	182700	20	0	2	8
服务出口	46250	12	2	6	8

数据来源：WTO 秘书处。

（二）中国服务贸易发展概况

改革开放以来，中国的对外贸易取得了迅猛的发展，1978—2013 年，我国对外贸易总额从 206 亿美元增加到 4.16 万亿美元，年均增长 16.4%，几乎每四年翻一番。2013 年首次超过美国，成为世界第一货物贸易大国（迟旭蕾，2014）。与此同时，中国服务贸易的发展也取得了令人瞩目的成绩，服务贸易规模快速扩大，服务贸易进出口额、出口和进口额分别由 1982 年的 44 亿美元、25 亿美元、19 亿美元增加到了 2013 年的 5396 亿美元、2106 亿美元和 3290 亿美元，年均增长率分别达到 25.7%、23.5% 和 27.8%，远远超出了同期货物贸易的增长速度[①]。

① 相关数据由 WTO 国际贸易统计数据库、中国商务部和外汇管理局数据整理计算得出；不包含政府服务。

表 4-13　2013 年世界服务进出口排名前五位国家

排名	国家（地区）	进出口		
		金额（亿美元）	占比（%）	增长率（%）
1	美国	10997	12.1	3.4
2	德国	6020	6.7	9.3
3	中国	5396	6.0	14.7
4	英国	4630	5.2	2.0
5	法国	4210	4.7	10.0

数据来源：WTO。

中国服务贸易出口的世界排名 1982 年仅居第 28 位，进口排名仅居第 40 位，随着中国经济的发展，尤其是加入 WTO 以来，中国服务业对外开放程度的显著提升，中国服务贸易进出口的世界排名分别由 2004 年的第 8 位和第 9 位上升到 2012 年的第 3 位和第 5 位。2013 年中国服务进出口总额继续保持世界第三位（见表 4-13），位于美国和德国之后；出口居世界第五位，进口提升至世界第二位。

二、生产性服务贸易范围的界定

（一）商业存在范围的界定

根据 GATS 的定义，服务贸易包括 4 种方式，本书借鉴其他学者的方法并结合生产性服务的特点，将这 4 种生产性服务贸易方式分成两组：一组为商业存在；另一组为跨境交易。由于本书的商业存在用服务业 FDI 替代表示，所以商业存在对应的范围就是上面界定的 6 个生产性服务业实际利用的外资额。

（二）跨境贸易范围的界定

1. 跨境贸易的分组

由于服务贸易的分类和生产性服务业的分类并不完全一致，学者们对生产性服务贸易的界定也有所不同。但结合生产性服务业的特征和本书对生产性服务业的分类标准，本书选取了 BOP 中的运输，通信服务，建筑服务，保险服务，金融服务，计算机和信息服务，专有权利使用费和特许费，咨询，广告、宣传以及其他商业服务 10 种服务贸易作为本书中生产性服务贸易的跨境贸易组的组成部分（邱爱莲、崔日明等，2014）①。

2. 对建筑服务的说明

学者们对于建筑服务的归属存在很大的分歧，因为根据《国民经济行业分类》（GB/T 4754—2011）的分类标准，我国的建筑业属于第二产业。从《2007 年中国投入产出表》中也可以看出我国的建筑行业主要涉及工程的施工、安装、装饰等活动，建筑业面对的对象更多的是消费者而非生产者。但在国外，建筑服务业则更多地体现为建筑图纸设计和技术指导等高技术含量的活动。世贸组织认为建筑服务是拥有高知识和高技能如建造师、建筑工程师等专业人士提供的智力密集型服务，不像中国的建筑业主要是涉及工程建造活动。具体综合工程服务、工程设计服务、城市规划与景观设计服务和建筑设计服务四个部分，这些业务更多的是涉及设计部分，充分贴合了生产性服务知识密集性、技术密集型的内在特征，是典型的生产性服务，所以，本书将建筑服务纳入生产性服务贸易的范围。

三、中国生产性服务贸易发展现状

在我国服务业规模小、质量差的情况下，还需要大力引进国外的高质量服务，即通过大量的进口（即跨境贸易）和引进外资在国内提供服务（即商业存在，用 FDI 来替代表示）来为我国经济的发展服务。目前我国生产性服务进口贸易现状如何？跨境贸易和商业存在有哪些共性和不同之处？尤其是还存在哪些问题和不足？这些都是能影响到我国制造业能否健康快速发展的问题，非常值得研究，因此，本节主要从总量和结构两方面面对二者的现状进行对比分析。

（一）总量发展概况比较

由于 2001 年之前我国对生产性服务业的统计比较粗略，仅有部分行业的

① 邱爱莲，崔日明，生产性服务贸易对中国制造业全要素生产率提升的影响：机理及实证研究——基于价值链规模经济效应角度 [J]. 国际贸易问题 .2014（6）：71-80.

数据，所以本书主要对 2001 年以后我国商业存在（用生产性服务业 FDI 替代表示）的数据进行研究分析。虽然跨境贸易的统计数据较全、较早，但为了便于比较并考虑到数据的可获得性以及和本书后面章节其他指标数据时间的一致性，本书将跨境贸易（对应 BOP 借方数据）的数据期间同样也定为 2001—2013 年[①]。

1. 二者发展趋势同步

从图 4–1 看，我国跨境贸易和商业存在的发展趋势几乎是呈一致的上升的态势，生产性服务跨境贸易由 2001 年的 250.72 亿美元增加到 2013 年的 1999.80 亿美元，增长了近 7 倍，年均增长率达到 18.89%。商业存在的发展势头更猛，2001 年到 2013 年我国生产性服务业 FDI 由 9.4 亿美元上升到 340.51 亿美元，增长了 35 倍多，年平均增长率高达 34.82%。

2. 二者的发展具有阶段性

二者的发展又可以分成三个阶段：第一阶段为 2001 年到 2003 年，二者的总量都较小且发展速度缓慢。这主要是由于当时我国刚刚加入 WTO，市场的开放程度还不够导致的。第二阶段为 2004 年到 2008 年，两类贸易的总量增加都非常明显，尤其是生产性服务业对于外商直接投资的引进力度比较大。这一方面是由统计范围的扩大造成的，因为从 2004 年起，我国对信息传输、计算机服务和软件业，租赁和商务服务业 FDI 的值才开始进行统计，因此总值比 2003 年以前出现了明显增多的现象；另一方面，是随着我国入世承诺的逐步实现，我国加大了在服务领域对外开放的力度，因此，生产性服务贸易的规模得到了迅猛的发展。第三阶段为 2009 年到 2013 年，这一段时间生产性服务业商业存在增速放缓，生产性服务跨境贸易的量更是呈较大的下降态势。这主要是受累于2008 年次贷危机引起的国际金融危机，之后随着欧美经济的缓慢复苏，二者都又恢复了稳步上升的态势，说明我国的生产性服务贸易与经济形势的发展是同步的，但跨境贸易受到的影响更大一些。

① 此处使用的数据以及数据处理办法详见第六章实证部分。

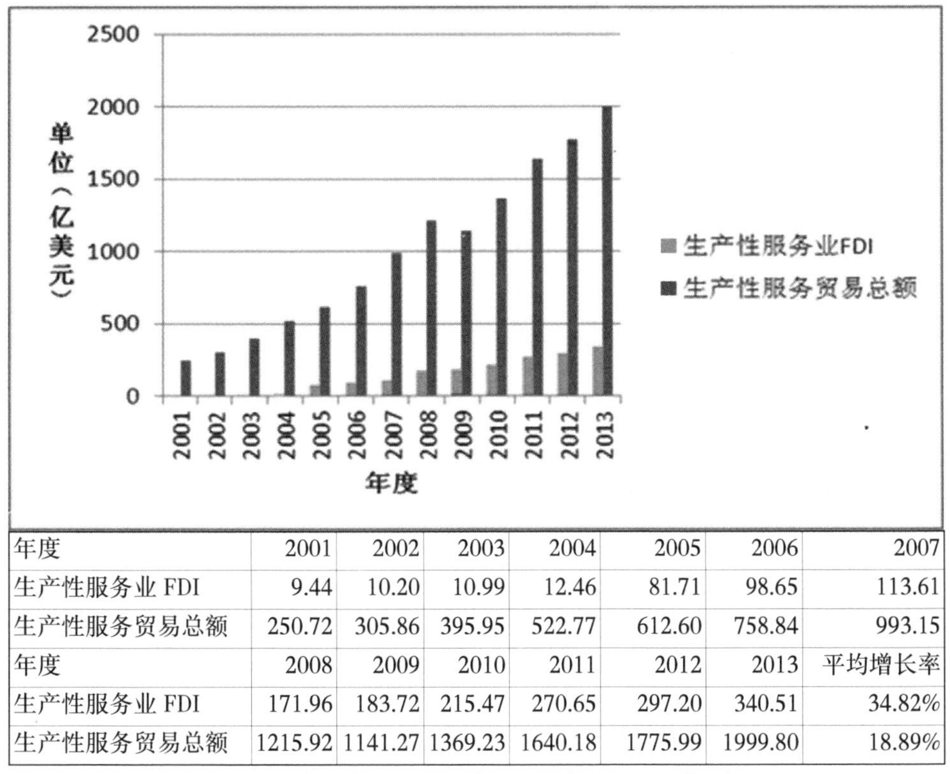

年度	2001	2002	2003	2004	2005	2006	2007
生产性服务业 FDI	9.44	10.20	10.99	12.46	81.71	98.65	113.61
生产性服务贸易总额	250.72	305.86	395.95	522.77	612.60	758.84	993.15
年度	2008	2009	2010	2011	2012	2013	平均增长率
生产性服务业 FDI	171.96	183.72	215.47	270.65	297.20	340.51	34.82%
生产性服务贸易总额	1215.92	1141.27	1369.23	1640.18	1775.99	1999.80	18.89%

图 4–1　中国生产性服务进口贸易的发展（亿美元）

3. 跨境贸易规模大于商业存在

从图 4–1 还可以看出，中国生产性服务业 FDI 的值一直低于跨境贸易总额，而且差距有越来越大的趋势，2001 年二者相差 241.28 亿美元，到了 2013 年，二者的差距已经扩大到了 1659.29 亿美元。2001 年前者的规模仅为后者的 3.77%，但是这个比值一直呈上升的态势，2013 年已经达到了 17.03%。这一方面说明，我国的服务贸易主要是以跨境贸易为主，但同时也说明随着我国入世以后减少了对外资进入的限制，外国企业在我国生产性服务领域的直接投资得到了空前的发展。

4. 商业存在增速大于跨境贸易

虽然我国生产性服务商业存在和跨境贸易的总体发展趋势都是上升的，但二者的增速表现却不尽相同（见图 4–1 和图 4–2）。商业存在的增长波动幅度相对比较大，2005 年因为统计的口径发现变化导致增长率表现异常（高达

555.74%），除此之外，2008 年的增速达到最高值（为 51.36%），2009 年虽然总值仍然是增长的，但受经济危机的影响，增速暴跌至 6.84%，之后又开始迅速回升，但 2012 年又开始下降（跌至 9.81%），这反映了我国生产性服务业利用外资受国际经济形势的影响比较大的特点。

与商业存在的情况不同，我国的跨境贸易除了 2009 年出现负增长以外，增速一直都比较平稳，年平均增速接近 20%，发展速度是非常快的，生产性服务跨境贸易增速与服务贸易整体增速一致。生产性服务业 FDI 增速和服务业 FDI 增速虽然趋势相同，但差距较大。2006 年到 2013 年只有 3 个年度生产性服务业 FDI 增速低于生产性服务贸易增速，从图 4–1 也可以看出，2001—2013 年二者年均增速差别较大。2009 年生产性服务跨境贸易受金融危机的影响比商业存在严重得多（出现了负增长），说明前者受市场短期需求变动的影响比后者大得多。除了 2005 年，生产性服务业商业存在和跨境贸易的增速大体还是比较一致的，说明二者的发展是同步而非此消彼长的，即并没有表现出 FDI 替代跨境贸易的现象。

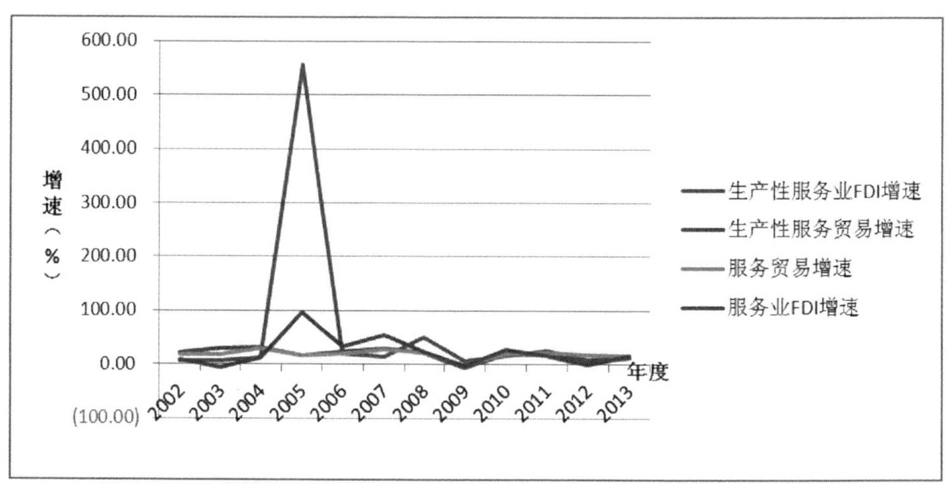

图 4–2　中国生产性服务业 FDI 和进口增速对比

（二）在国民经济中的地位对比

1. 是各自领域内的重要部分

从图 4–3 可以看出，跨境贸易在服务贸易总额中的比重呈明显的先升后降的态势，从 2001 年的 64.24% 一直上升至 2008 年的 76.96%，之后逐年下降，到 2013 年已经下跌至 60.72%，比 2001 年的比重还低一些。生产性服务业 FDI 在服务业利用外资领域的发展却体现出了明显的震荡态势，从 2001 年的 15.53% 猛增至 2005 年的 57.75%，这其中有统计范围变大的原因，但到了 2007 年，该比重又跌至 38.52%，之后又开始反弹，到了 2010 年又开始下降，随后又上升，2013 年又出现了小幅下降。这充分体现出我国的生产性服务贸易的发展明显受到了经济大环境的影响。

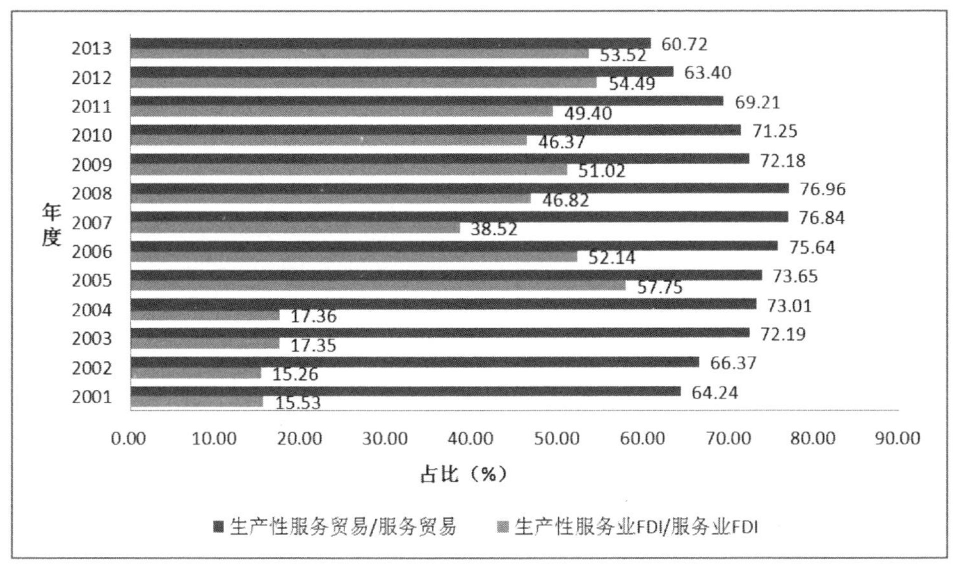

图 4–3　中国生产性服务业 FDI 和进口增速对比

无论是生产性服务业的引资力度还是跨境贸易，都已经占据了相应领域的半壁江山，生产性服务业 FDI 占服务业 FDI 的比重 2009 年突破了 50%，生产性服务贸易在服务贸易进口额的比重则一直在 60% 以上，平均值则高达 70% 多，充分说明了我国的生产性服务进口在各自的领域中的地位是举足轻重的，对我国国民经济的发展发挥着重要的作用。

2. 在经济中的比重较小

从图 4–4 可以看出，虽然我国生产性服务业 FDI 和生产性服务的跨境贸易的规模在扩大，但二者在我国 GDP 中的比重都是很小的，分别不到 0.4% 和 2.2%，进一步说明了二者绝对规模甚少，对 GDP 的贡献有限，需要进一步发展。其中，生产性服务业 FDI 在 GDP 中的比重虽然在提高，但是增速很缓慢，2001 年仅为 GDP 的 0.07%，2005 年上升到 0.36%，之后基本没有太大的变化。生产性服务贸易进口在 GDP 中的比重同样很小，2001 年的比重仅为 1.89%，2007 年达到最大值（为 2.84%），之后的几年有所下降，2013 年仅为 2.18%。

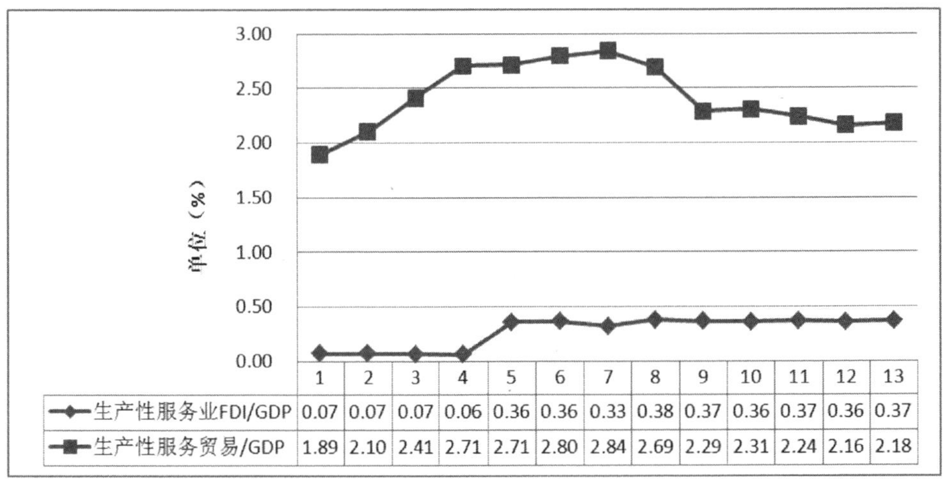

	1	2	3	4	5	6	7	8	9	10	11	12	13
生产性服务业FDI/GDP	0.07	0.07	0.07	0.06	0.36	0.36	0.33	0.38	0.37	0.36	0.37	0.36	0.37
生产性服务贸易/GDP	1.89	2.10	2.41	2.71	2.71	2.80	2.84	2.69	2.29	2.31	2.24	2.16	2.18

图 4-4　中国生产性服务 FDI 和进口占 GDP 的比重

（三）组成结构对比

1. 分行业贸易对比

（1）跨境贸易的发展情况

从图 4-5 可以看出，除了其他商业服务，我国生产性服务各分行业的跨境贸易从 2001 年到 2013 年均呈逐年上升的趋势，但是每个行业发展的速度不尽相同 。运输服务占据主导地位，2001 年运输服务的贸易额是 937.3 亿元，到了 2013 年增加到了 4659 亿元，增长了近 4 倍，年均增长率达到了 14%（见表 4-14）。跨境贸易中的第二大行业是科技服务，该行业的贸易发展既迅速又稳定，几乎没有震荡，增长率和增长倍数也非常的高，分别为 17% 和 5.76 倍。总量排在第三位的是其他商务服务，2008 年一直处于上升的态势，2009 年以后下降较为明显。排在第四位和第五位的分别是金融服务和信息服务，二者都处于平稳上升的态势。虽然信息服务贸易总量最小，却是增长率（为 17%）最高的行业，同时也是增长倍数（为 5.78）最多的行业。除了科技服务，其他行

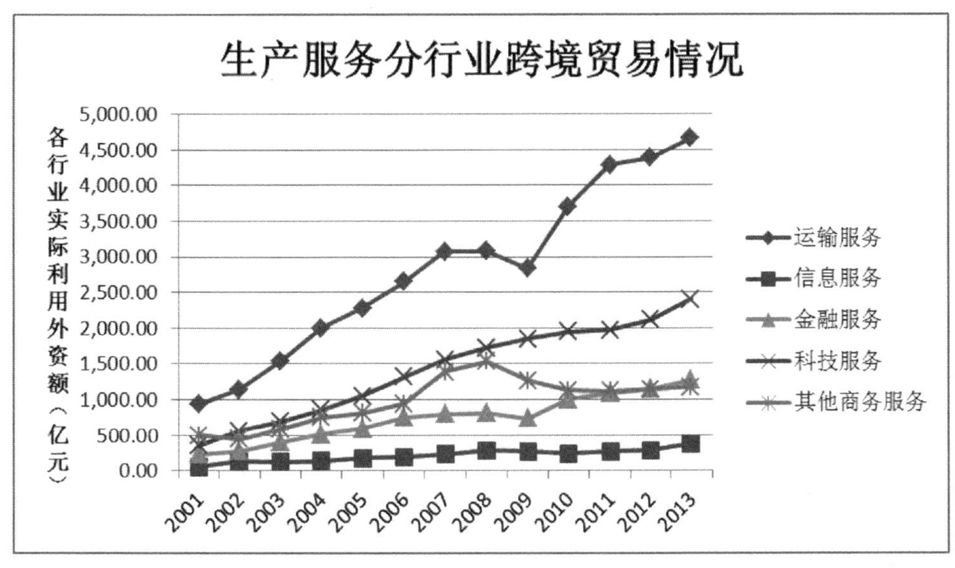

图 4-5　中国生产性服务分行业跨境贸易发展情况

业的贸易 2009 年无一例外地出现了下降的情况，体现出了我国服务贸易易受经济形势影响的特征。

表 4-14　跨境贸易增长速度及倍数（单位：%）

项目 \ 分类	跨境贸易	运输服务	信息服务	金融服务	科技服务	其他商务服务
年均增长率	14	14	17	15	17	7
增长倍数	3.76	3.97	5.78	4.52	5.76	1.36

（2）商业存在的发展情况

从图 4-6 可以看出，与跨境贸易相似，从 2001 年到 2013 年，我国生产性服务各分行业 FDI 的值也基本呈逐年上升的态势。与跨境贸易不同，商业存在排在第一位的是其他商务服务，也是发展最快的一个行业，从 2001 年的 96.74 亿元猛增到 2013 年的 981.6 亿元，增长了 9.15 倍，年均增长率达到了 24%（见表 4-15）。运输服务排在第二位（2010 年低于信息服务业），增长速度较为缓慢，增长倍数也只有 1.51 倍。排在第三位和第四位的是信息服务和科技服务，但后者无论是增长速度还是增长倍数都远大于前者。金融服务是贸易额最少的一个行业，但其发展非常迅速，增长速度和增长倍数都排在第二位，分别为

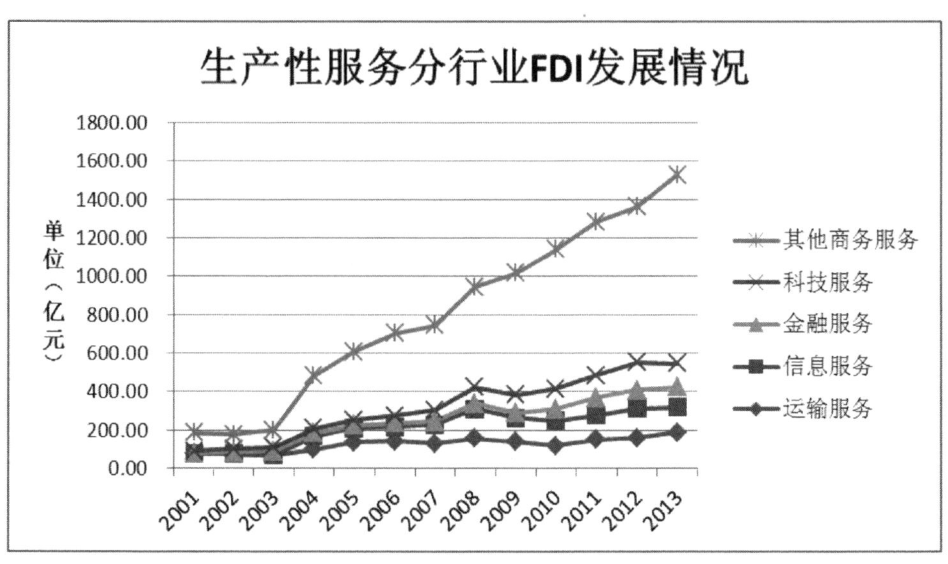

图 4-6　中国生产性服务分行业商业存在发展情况

表 4-15　商业存在分行业增长速度及倍数（单位：%）

各行业 FDI	商业存在	运输服务	信息服务	金融服务	科技服务	其他商务服务
年均增长率	20	8	（6.93）	23	18	24
增长倍数	7.58	1.51	（0.84）	10.87	6.31	11.74

注：由于信息服务统计的时间较晚，所以信息服务业的两个指标的计算范围是 2005 年到 2013 年。

23% 和 10.87 倍。

2. 结构变化情况对比

（1）中国生产性服务跨境贸易构成变化

从图 4-7 可以看出，2001—2013 年各行业跨境贸易比重变化不大，2001 年占比从大到小的行业分别是运输服务、其他商务服务、科技服务、金融服务和信息服务，到了 2013 年分别是运输服务、科技服务、金融服务、其他商务服务和信息服务。所以在图形上，除了其他商务服务，互相之间表现出平行的关系，说明虽然各行业的贸易都呈上升的态势，但并没有太多地影响到各自在总跨境贸易中的比重。像信息服务、金融服务和运输服务 2013 年只比 2001 年分别增长了1.13、1.77和2个百分点；只有科技服务增长得最多，达到了7.17个百分点；在所有行业里面只有其他商务服务的跨境贸易比重是下降的，从2001年的23.94%下跌到2013年的11.86%，比重下降了12.08%。

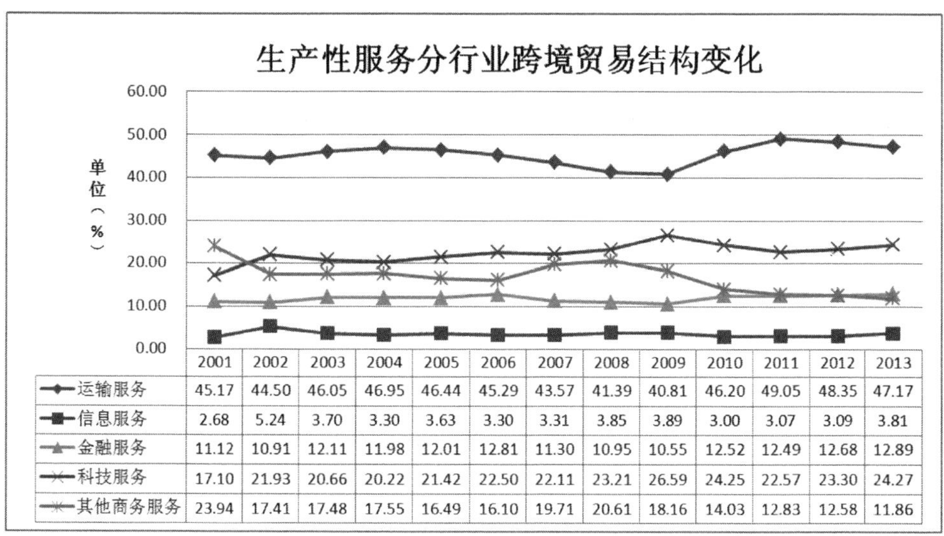

	2001	2002	2003	2004	2005	2006	2007	2008	2009	2010	2011	2012	2013
运输服务	45.17	44.50	46.05	46.95	46.44	45.29	43.57	41.39	40.81	46.20	49.05	48.35	47.17
信息服务	2.68	5.24	3.70	3.30	3.63	3.30	3.31	3.85	3.89	3.00	3.07	3.09	3.81
金融服务	11.12	10.91	12.11	11.98	12.01	12.81	11.30	10.95	10.55	12.52	12.49	12.68	12.89
科技服务	17.10	21.93	20.66	20.22	21.42	22.50	22.11	23.21	26.59	24.25	22.57	23.30	24.27
其他商务服务	23.94	17.41	17.48	17.55	16.49	16.10	19.71	20.61	18.16	14.03	12.83	12.58	11.86

图4-7　中国生产性服务分行业跨境贸易结构折线图

（2）中国生产性服务商业存在构成变化

与跨境贸易的表现不同，各行业的商业存在比重变化较大，尤其是运输

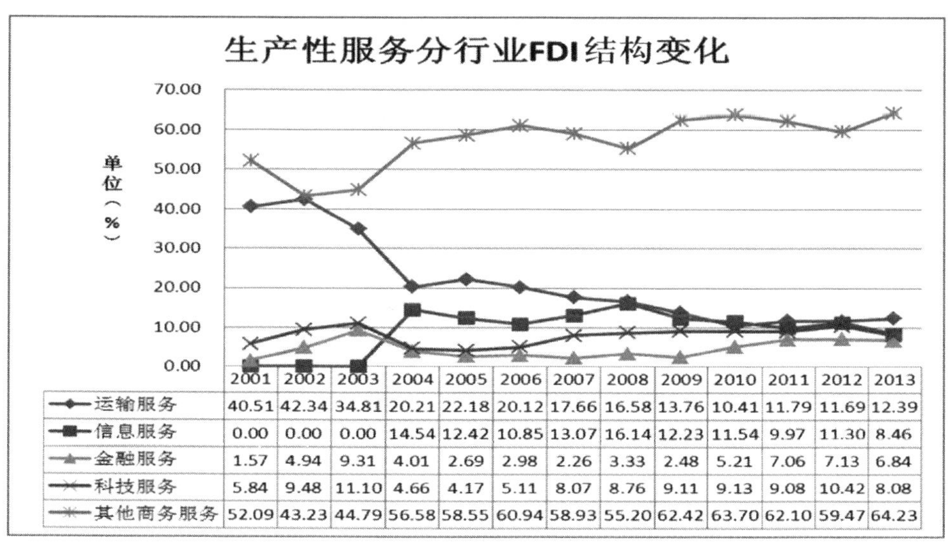

	2001	2002	2003	2004	2005	2006	2007	2008	2009	2010	2011	2012	2013
运输服务	40.51	42.34	34.81	20.21	22.18	20.12	17.66	16.58	13.76	10.41	11.79	11.69	12.39
信息服务	0.00	0.00	0.00	14.54	12.42	10.85	13.07	16.14	12.23	11.54	9.97	11.30	8.46
金融服务	1.57	4.94	9.31	4.01	2.69	2.98	2.26	3.33	2.48	5.21	7.06	7.13	6.84
科技服务	5.84	9.48	11.10	4.66	4.17	5.11	8.07	8.76	9.11	9.13	9.08	10.42	8.08
其他商务服务	52.09	43.23	44.79	56.58	58.55	60.94	58.93	55.20	62.42	63.70	62.10	59.47	64.23

图4-8　中国生产性服务分行业FDI结构折线图

服务，比重几乎是直线下降，从 2001 年的 40.51% 下降到 2013 年的 12.39%，下跌了 28.12 个百分点；比重下降比较多的还有信息服务业，从 2004 年的 14.54% 跌至 2013 年的 8.46%；除了运输服务和信息服务，其他各行业比重都呈上升趋势。其他商务服务上升幅度最大，达到 12.14 个百分点，金融服务上升了 5.27 个百分点，科技服务上升了 2.24%（见图 4-8）。

第三节　中国制造业发展现状

一、中国制造业发展现状及其在国民经济中的地位

（一）国民经济重要的贡献力量

1993 年中国制造业工业总产值为 34822.76 亿元[①]，2013 年增加到了 809619 亿元，是 1993 年的 23.25 倍，年均增长率达到了 17.04%，高于同期 GDP 的增长倍数和增长速度（分别为 16.1 倍和 14.91%）。从表 4-16 中可以看出从 1999 年到 2013 年，除了 2009、2012 和 2013 三年，我国制造业的年增长速度都比 GDP 年增长速度快，前者在有的年份甚至为后者增速的 2 倍多，为带动我国国民经济的增长发挥了巨大的作用。据美国经济咨询公司环球通视（IHS Global Insight）的研究报告称，2008—2010 年中国制造业产值年均增长速度高达 20.2%，相比之下美国仅为 1.8%，而日本则仅为 4.25%[②]。

表 4-16　1993—2013 年中国制造业工业总产值（单位：亿元；%）

年度	工业总产值	增速	GDP	增速	年度	工业总产值	增速	GDP	增速
1993	34822.76		35333.9		1995	47721.53	6.46	60793.7	26.13
1994	44825.38	28.72	48197.9	36.41	1996	54326.42	13.84	71176.6	17.08

① 从 1993 年开始，13：农副产品加工业；18：纺织服装、鞋、帽制造业；25：石油加工、炼焦和核燃料加工业；35：通用设备制造业；42：工艺品及其他制造业和；43：废弃资源和废旧材料回收加工业数据从 2003 年才开始统计，所以此处所有数据均不包括这两个部门。2004 年缺失的数据采用 2001 到 2005 年平均增长率推算得到。

② 来源：中国经济网，2011 年 03 月 16 日 11:07
http://intl.ce.cn/specials/zxxx/201103/16/t20110316_22304031.shtml

续表

年度	工业总产值	增速	GDP	增速	年度	工业总产值	增速	GDP	增速
1997	58824.51	8.28	78973.0	10.95	2006	271618.4	26.04	216314.4	16.97
1998	58612.28	-0.36	84402.3	6.87	2007	349562.4	28.70	265810.3	22.88
1999	62835.15	7.20	89677.1	6.25	2008	436131.9	24.77	314045.4	18.15
2000	73923.84	17.65	99214.6	10.64	2009	473290.7	8.52	340902.8	8.55
2001	83103.67	12.42	109655.2	10.52	2010	601589.7	27.11	401512.8	17.78
2002	96854.59	16.55	120332.7	9.74	2011	724170.3	20.38	473104.0	17.83
2003	125995.5	30.09	135822.8	12.87	2012	767277.1	5.95	519470.1	9.80
2004	160380.1	27.29	159878.3	17.71	2013	809619	5.92	568845.21	9.50
2005	215507.1	34.37	184937.4	15.67					

注意：本表制造业工业总产值是根据“按行业分规模以上工业企业主要经济指标”整理计算得来；工业总产值和 GDP 均为当年价格数据；数据来源《中国统计年鉴》。

（二）拉动工业发展的重要部门

根据联合国工业发展组织的数据，中国制造业持续快速增长，2005 年到 2010 年，中国制造业增加值年均增长率为 11.8%，而同期的发展中国家仅为 7.06%。我国对制造业的工业增加值并没有连续年份的统计数据，表 4-17 是我国 2007 年到 2013 年规模以上工业企业工业增加值增长速度表，我国的工业增加值以年均超过 10% 的速度增长，发展速度是非常快的。2013 年制造业工业增加值增速达到 10.5%，高于工业整体的增加值增速，制造业作为工业的主要组成部分，其发展速度从中可见一斑，也间接说明制造业是拉动我国工业发展的重要部门。

表 4-17 规模以上工业企业工业增加值增长速度（单位：%）

分类	2007	2008	2009	2010	2011	2012	2013
增速	18.5	12.9	11	15.7	13.9	10	9.7
制造业	—	—	—	—	—	—	10.5

数据来源：中华人民共和国国家统计局网站。

（三）在世界经济中的比重越来越大

我国制造业在世界经济中的作用也变得越来越重要，2008 年，中国制造业出口额达到 1.37 万亿美元，在全球制造业出口中的份额达到 11.3%，成为全球制造业出口第一大国。据美国经济咨询公司环球通视数据，2010 年中国制造业产值高达 1.955 万亿美元，在全球制造业总产值中所占的比例为 19.8%，超过美国（1.952 万亿美元）成为全球第一制造业大国。

（四）已经成为中国货物出口的主力军

表 4–18 中各国的制成品出口在货物出口中的比重虽有一定的波动，但大体都呈震荡下降的趋势，尤其是美国，从 1999 年开始，呈逐年下降的态势，下降的幅度也是最大的，从 1999 年的 83.1% 下降到 2011 年的 63.4%，下降了 23.7%。印度下降的幅度也比较大，从 1999 年的最高值 79.2% 下降到 2011 年的 62.2%，下降了 21.5%（印度 2012 年该值又有所回升，达到了 64.8%）。

表 4–18　各国 1997—2012 年制成品出口占货物出口比重（单位：%）

年份	美国	德国	英国	日本	韩国	印度
1997	80.8	85.5	82	94.6	91	74.3
1998	82.3	86.9	83.7	94.2	91.3	76
1999	83.1	86.3	83.5	94.2	91.5	79.2
2000	82.7	83.7	77.1	93.9	90.7	77.8
2001	81.8	86.6	76.7	92.9	90.7	74.8
2002	81.5	87.1	78.5	93	92.2	75.3
2003	80.4	84	77.4	93.1	92.7	76.8
2004	80.4	83.6	76.5	92.8	92.2	73.7
2005	79.9	86.1	76.9	92	90.9	71.1
2006	79.2	85	77.2	91	89.5	66.3
2007	77.6	82.6	73.5	90.1	89.2	64.2
2008	74	82.1	70.2	89.2	86.9	62.8
2009	66.8	81.5	72.1	88	89.6	66.8
2010	66.1	82.2	70.1	89	89	63.8
2011	63.4	83.2	68.3	89.1	85.9	62.2
2012	63.4	82.5	66.4	89.6	85.1	64.8
均值	76.46	84.31	75.63	91.67	89.90	70.62

数据来源：中华人民共和国国家统计局网站 http://www.stats.gov.cn/tjsj/ndsj/.

与以上各国制造业地位呈下降趋势不同，中国制成品出口在货物贸易出口中的比重却一直呈上升的态势，从 1990 年的 74.41% 上升到 2013 年的 95.14%，升幅达 27.86%。该比重年平均值达到 88.93%，比制造业大国德国还高出 4.72%，比美国和英国分别高 12.47 和 13.7 个百分点，比印度更是高了 18.31 个百分点。虽然比日韩低，但比重已经非常接近，只分别比这两个国家低 2.74% 和 0.97%，说明我国制造业出口在货物出口贸易中的比例已经在赶超世界强国，已经成为我国货物出口的绝对主力（见表 4–19）。

表 4–19 中国制成品占货物出口比重（单位：亿美元；%）

指 标	1990	1995	2000	2005	2012	2013
货物贸易出口总额	620.9	1487.8	2492.0	7619.5	20487.1	22093.7
初级产品	158.9	214.9	254.6	490.4	1005.6	1072.8
工业制成品	462.0	1272.9	2237.4	7129.2	19481.6	21021.0
制成品出口比重	74.41	85.56	89.78	93.57	95.09	95.14

数据来源：中华人民共和国国家统计局网站：http://data.stats.gov.cn/normalpg?src=/lastestpub/quickSearch/m/mgy01.html&h=800.

二、与其他产业部门的经济联系

（一）制造业中间投入率高

通过对 2010 年投入产出表的数据进行计算，我们得知，中国制造业的 17 个部门除了废品废料业，其他部门的中间投入率全部大于 0.7，远大于 0.5 的标准，所以，中国的制造业是典型的“低附加值、高带动型”产业。说明我国的制造业的发展可以强力带动其他产业的发展，同时也反映出虽然我国制造业工业总产值增长迅速，但增加值仍然比较低的现实状况（见表 4–20）。

表 4-20 2010 年中国制造业各行业中间投入率[①]

行业代码	06	07	08	09	10	11	12	13	14
中间投入率	0.76	0.80	0.78	0.76	0.76	0.82	0.80	0.73	0.80
行业代码	15	16	17	18	19	20	21	22	
中间投入率	0.79	0.77	0.81	0.83	0.83	0.79	0.75	0.19	

数据来源：根据中国投入产出学会网站 2010 年投入产出表数据计算得来。

（二）影响力系数和感应度系数均高

利用 2007 年投入产出表的数据进行计算，作者发现：① 26 个工业部门共有 19 个部门的影响力系数大于 1，其中包括制造业（共 16 个部门）的 15 个部门，另外 4 个部门全部排在前 10 位以后，说明绝大部分制造业部门的发展会极大地拉动其他产业部门的发展。② 26 个工业部门共有 15 个部门的感应度系数大于 1，其中包括制造业的 11 个部门，而且有 5 个部门进入了前 10 位。这说明我国其他部门发展得越好，对制造业大部分的部门产生的需求也就越大。③制造业感应度系数高于平均水平的部门数少于其影响力系数大于 1 的部门，说明制造业对国民经济其他部门的影响力大于其他部门对制造业的影响力，亦即制造业对国民经济其他部门的拉动作用大于其他部门对制造业的拉动作用。但总体体现了我国制造业和其他经济部门的联系是非常紧密的，不能脱离彼此而孤立地发展，表明了制造业在我国经济发展中的重要地位（见表 4–21）。

表 4-21 2007 年第二产业各部门影响力系数和感应度系数

排名	部门	影响力系数	部门	感应度系数
1	通信设备、计算机及其他电子设备制造业	1.424	化学工业	3.606
2	电气机械及器材制造业	1.335	金属冶炼及压延加工业	2.952

① 各行业代码及名称，06：食品制造及烟草加工业；07：纺织业；08：纺织服装鞋帽皮革羽绒及其制品业；09：木材加工及家具制造业；10：造纸印刷及文教体育用品制造业；11：石油加工、炼焦及核燃料加工业；12：化学工业；13 非金属矿物制品业；14：金属冶炼及压延加工业；15：金属制品业；16：通用、专用设备制造业；17：交通运输设备制造业；18：电气机械及器材制造业；19：通信设备、计算机及其他电子设备制造业；20：仪器仪表及文化办公用机械制造业；21：工艺品及其他制造业；22：废品废料。

续表

排名	部门	影响力系数	部门	感应度系数
3	仪器仪表及文化办公用机械制造业	1.334	电力、热力的生产和供应业	2.411
4	交通运输设备制造业	1.330	通信设备、计算机及其他电子设备制造业	1.808
5	金属制品业	1.258	农林牧渔业	1.691
6	通用、专用设备制造业	1.244	石油和天然气开采业	1.603
7	化学工业	1.224	通用、专用设备制造业	1.575
8	纺织服装鞋帽皮革羽绒及其制品业	1.215	石油加工、炼焦及核燃料加工业	1.560
9	纺织业	1.214	食品制造及烟草加工业	1.242
10	金属冶炼及压延加工业	1.208	交通运输设备制造业	1.185
11	建筑业	1.188	电气机械及器材制造业	1.176
12	造纸印刷及文教体育用品制造业	1.154	纺织业	1.143
13	工艺品及其他制造业	1.150	造纸印刷及文教体育用品制造业	1.121
14	木材加工及家具制造业	1.143	金属制品业	1.009
15	非金属矿物制品业	1.100	煤炭开采和洗选业	1.005
16	电力、热力的生产和供应业	1.098	金属矿采选业	0.890
17	石油加工、炼焦及核燃料加工业	1.042	非金属矿物制品业	0.860
18	金属矿采选业	1.040	木材加工及家具制造业	0.727
19	燃气生产和供应业	1.030	废品废料	0.688
20	食品制造及烟草加工业	0.992	仪器仪表及文化办公用机械制造业	0.654
21	非金属矿及其他矿采选业	0.985	纺织服装鞋帽皮革羽绒及其制品业	0.639
22	煤炭开采和洗选业	0.906	非金属矿及其他矿采选业	0.518
23	水的生产和供应业	0.890	工艺品及其他制造业	0.481
24	石油和天然气开采业	0.784	建筑业	0.424
25	农林牧渔业	0.726	水的生产和供应业	0.405
26	废品废料	0.472	燃气生产和供应业	0.402

数据来源：根据中国投入产出学会 2007 年投入产出表数据计算得来。

三、存在的问题

（一）人均增加值比重低于世界平均水平

虽然中国制造业增加值占世界制造业增加值的比重呈逐渐提高的趋势，但人均增加值仍然落后于世界平均水平，与发达国家的差距更大。中国制造业增加值占世界制造业增加值的比重2000年是6.67%，2010年上升至15.33%，远高于新兴经济体印度（2.03%）和巴西（1.71%）的水平，也超过了同期日本（14.13%）的水平。在制造业人均增加值方面，我国该指标的值也是一直呈不断增加的态势，2000年人均增加值为303美元，超过了世界平均值的三分之一，2005年达到480美元，接近世界平均水平的一半，2010年人均增加值猛增至820美元，接近世界平均水平的80%。但一直落后于世界的平均水平，与发达国家的差距更加明显，中国制造业人均增加值在2010年只相当于美国（5522美元）的14.8%，德国（4667美元）的17.6%，日本（7994美元）的10%[①]。

（二）国际竞争力仍然有待提升

1. 制造业生产率仍然低下

虽然中国已经成为世界第一制造大国，制造业人均增加值也一直处于不断增加的状况，但和发达国家相比制造业生产率依然比较低。根据2011年IHS Global Insight的研究报告，中国制造业已经超过了美国，但中国制造业生产效率仍远低于美国，中国制造业人均产值目前仅为美国的八分之一。这突显出中国制造业主要行业的附加值远低于美国的制造业，引用该机构报告中的说法，中美制造业之间的差距就是“美国1150万制造业工人创造的价值与中国1亿制造业工人创造的价值相当”[②]。这充分说明了中国制造业的劳动生产率与发达国家的差距还相当的大，中国在提升制造业生产率的征程上还有很长的路要走。

① 陈文科．中国制造业现状与国际竞争力分析[J]．对外经贸，2013，7：7-10.

② 来源：中国经济网，2011年03月16日11:07
http://intl.ce.cn/specials/zxxx/201103/16/t20110316_22304031.shtml

2. 处于全球价值链的中低端，缺乏核心竞争力

我国制造业面临的形势依然严峻，半导体及集成电路、光纤、高端数控机床等高端设备严重依赖进口，而在高新技术产品的出口方面又主要是由外资企业独立完成的。我国拥有自主知识产权的企业仅为万分之三，对外技术的依存度高于 50%，而美国、日本等发达国家仅为 5% 左右。可见，我国的制造业体系虽然庞大，但总体处于全球价值链的中低端，技术依附、技术依赖于发达国家的现状没有发生根本的改变，技术落后、生产率低下已成为我国制造业发展的重要阻碍（朱建民，2014）。

3. 内忧外患，利润空间受到挤压

目前，我国制造业面临前有发达国家“再工业化”浪潮的阻拦、后有新兴发展中国家在中低端制造业上加速追赶和替代的双重竞争压力。欧美的“再工业化”新政已经引起了这些国家制造业的回流和复苏，必然会减少对中国制造的需求。此外，随着我国劳动力、土地、资本等生产要素成本的上升，企业的利润空间也在逐步地受到压缩，而东南亚和拉美等发展中国家却已经凭借着比中国生产要素成本更低的优势，获得了越来越大的国际制造业市场份额，国际制造业的格局正在悄然发生变化，我国面临的竞争格局将更加的激烈和复杂（耿慧明、张皞，2014）[①]。

（三）与其他国家发展不同步

从表 4–22 可以看出，在所列的 6 个国家中，第一产业无一例外都是呈下降趋势，而且农业在国民经济中的比重都非常小，除了印度的平均值达到了 20.63%，其他国家基本都没达到 4%，德国和英国更是还没达到 1%。说明农业对世界各国的经济影响不仅非常小还呈下降的趋势。美国、英国和日本的第二产业呈下降趋势，德国、韩国和印度则呈波动状态，但比重一直比较稳定。

这 6 个国家第三产业增加值在其国内生产总值中的比重虽然有轻微的波动，但无一例外是呈逐步增加的态势，美国和英国第三产业比重分别高达 76.65% 和 74.29%，德国稍低一点，也达到了 69.27%，这 3 个国家的平均值达

① 耿慧明，张皞 . 欧美“再工业化”与中国制造业竞争力 [J]. 安徽行政学院学报，2014，4：20-27.

到了73.4%，而亚洲的平均值才不到60.1%，比欧美三国低十多个百分点，比重最大的是日本，与欧美三国的平均水平比较接近。近年来服务业发展迅速的印度，比重的平均值也仅为52.35%，但仍然可以看出其服务业发展速度是比较快的。说明我国在大力发展制造业的同时，其他国家却在加快发展服务业。这充分反映了制造业在这些国家的国民经济中地位在逐渐下降，而服务业地位逐渐上升的现实情况。我国的制造业在国民经济中的地位虽然很重要，我们也必须加大服务业的发展，才能维持我国制造业现有的竞争优势，为其创造长远的竞争优势提供持续的、有力的支持。

表4-22　各国三次产业增加值占国内生产总值比重（%）

国别	美国			德国			英国		
年份	一	二	三	一	二	三	一	二	三
1997	1.7	25.4	72.9	1.1	31	67.6	1.2	29.4	69
1998	1.3	24.1	74.6	1.1	31	67.7	1.1	28.2	70
1999	1.2	24	74.7	1.1	30.4	68.3	1	27.1	71.5
2000	1.2	23.4	75.4	1.1	30.5	68.2	0.9	26.8	71.7
2001	1.2	22.3	76.5	1.2	29.8	68.8	0.8	25.9	72.7
2002	1	21.8	77.2	1	29.1	69.5	0.8	25.1	73.9
2003	1.2	21.6	77.2	0.9	29	69.9	0.9	24.3	75.1
2004	1.3	22	76.6	1.1	29.3	69.4	0.9	23.6	75.5
2005	1.2	22.2	76.6	0.8	29.3	69.7	0.6	23.6	76
2006	1	22.2	76.7	0.8	30.1	69.1	0.6	23.6	75.9
2007	1.1	22	76.9	0.9	30.5	68.6	0.6	23	76.4
2008	1.2	21.1	77.6	1	30.1	69.4	0.7	22.6	76.5
2009	1.1	19.6	79.3	0.8	27.8	72.4	0.6	21.3	78.2
2010	1.2	19.8	79	0.8	30.2	71.2	0.7	21.5	77.7
2011	1.2	20.2	78.6	0.8	30.7	68.5	0.7	21.5	77.8
均值	1.21	22.11	76.65	0.97	29.92	69.27	0.81	24.50	74.29
国别	日本			韩国			印度		
年份	一	二	三	一	二	三	一	二	三
1997	1.5	32.6	65.8	5.4	41.1	53.4	25.9	26.4	47.7
1998	1.6	31.9	66.5	5.1	40.7	54.2	25.8	25.7	48.5
1999	1.6	31.5	67	5.2	40.2	54.5	24.5	25.2	50
2000	1.5	31.1	67.4	4.6	38.1	57.3	23	26	50.8
2001	1.4	29.7	68.8	4.4	36.6	59	22.9	25.1	51.8

续表

国别	日　本			韩　国			印　度		
年份	一	二	三	一	二	三	一	二	三
2002	1.5	29	69.6	4	36.2	59.8	20.7	26.2	53
2003	1.4	28.9	69.7	3.7	36.7	59.6	20.7	26	53.2
2004	1.3	28.9	69.8	3.7	38.1	58.1	19	27.9	53
2005	1.2	28.1	70.7	3.3	37.7	59	18.8	28.1	53.1
2006	1.2	28.1	70.8	3.2	37.2	59.7	18.3	28.8	52.9
2007	1.1	28.1	70.7	2.9	37.1	60	18.3	29	52.7
2008	1.1	27.4	71.4	2.7	36.5	60.8	17.8	28.3	53.9
2009	1.2	25.9	72.9	2.8	36.8	60.4	17.7	27.8	54.5
2010	1.2	27.5	71.4	2.6	38.8	58.5	18.2	27.2	54.4
2011	1.2	26.2	72.7	2.7	39.3	58.1	17.9	27.2	55.7
平均值	1.33	28.99	69.68	3.75	38.07	58.16	20.63	26.99	52.35

注：一、农业增加值占国内生产总值比重；二、工业增加值占国内生产总值比重；三、服务业增加值占国内生产总值比重，续表含义与此相同。根据中华人民共和国国家统计局网站（http://www.stats.gov.cn/tjsj/ndsj/）数据计算得来。

第四节　生产性服务业与制造业融合与互动发展现状

一、融合度指标

利用 2010 年投入产出表，我们可以用以下四个指标来度量生产性服务业和制造业的融合程度。①生产性服务业制造业投入率：用来测度制造业投入到生产性服务业中的投入在生产性服务业总投入中的比例；②生产性服务业制造业需求率：用来测度制造业被生产性服务业消耗的部分在制造业总产出中的比例；③制造业生产性服务业投入率：反映生产性服务业对制造业投入在制造业总投入中的比例；④制造业生产性服务业需求率：代表生产性服务业总产出中被制造业消耗的比例。这个指标多被理解为制造业对生产性服务业产生作用的形式。指标 1 和指标 4 是从投入和消耗角度衡量制造业融合于生产性服务业的程度；指标 2 和指标 3 则是分别从消耗和投入角度衡量生产性服务业融合于制造业的程度。

二、两业融合的特点

根据表 4–23 计算出来的数据，可以发现中国制造业和服务业的融合呈现出以下几个特点：

（一）制造业融合于生产性服务业的程度比较大

1. 无论是从投入角度还是从消耗角度看，我国制造业融合于生产性服务业的程度都比较大。因为两个年度生产性服务业制造业投入率和生产性服务业制造业需求率都比较大，亦即制造业对生产性服务业的投入和需求比率都大于生产性服务业对制造业的投入和需求的比率。

2. 从投入角度看，我国生产性服务业显著依赖于制造业的投入，但制造业却并不显著地依赖于生产性服务业的投入；从消耗角度看，生产性服务业的发展也显著依赖于制造业的中间消费，而制造业却不依赖于生产性服务业的消费。说明生产性服务业与制造业融合发展的动力比较大，反之却并不成立。这也体现出我国制造业的发展水平并不由生产性服务业发展水平决定，但制造业却很可能是影响生产性服务业发展的关键性因素。

表 4–23　生产性服务业与制造业融合程度[①]

年 度	2007	2010
生产性服务业制造业投入率	0.21	0.20
生产性服务业制造业需求率	0.02	0.05
制造业生产性服务投入率	0.07	0.08
制造业生产性服务的需求率	0.31	0.54
融合均衡度（投入）	3.00	2.42
融合均衡度（消耗）	15.50	10.73

注：此处的生产性服务业是前面所指的 8 个中间需求率大于 50% 的服务业部门。

① 生产性服务业制造业投入率 = 生产性服务业中制造业的投入 / 生产性服务业的总投入；生产性服务业制造业需求率 = 制造业被生产性服务业消耗的部分 / 制造业的总产出；制造业生产性服务业投入率 = 制造业中生产性服务业的投入 / 制造业的总投入；制造业生产性服务业需求率 = 生产性服务业被制造业消耗的部分 / 生产性服务业的总产出。

（二）两业在投入关系上的融合均衡程度比较高

两类产业在投入关系上的融合均衡程度要高于消耗关系上的融合均衡程度[①]，融合均衡程度越高，表明制造业融合于生产性服务业的程度越强，如果接近 1，则说明两类产业相互依赖的程度相近，处于对称性的关系。但是从表 4–23 可以看出中国的制造业和生产性服务业在投入关系上的融合均衡程度（2.42）要高于消耗关系上的融合均衡程度（3.00），尤其是在消耗关系上两个产业处于绝对非均衡融合形态。

（三）两业融合程度在提升

从数据比较来看，前四个指标中除了第一个指标，2010 年比 2007 年的数据都有所增加，尤其是第四个指标，增长了 73%，说明两个产业相互间的投入和消耗都有所增加。另外，两个融合均衡度指标值都在下降，都更接近于 1，说明生产性服务业与制造业的共生关系正在向均衡性融合形态转变，制造业开始表现出对生产性服务业的依赖增强的趋势。

第五节　本章小结

（一）中国生产性服务业的发展仍然比较落后

我国生产性服务业发展速度快，产出已经占到了服务业产出的一半以上，在国民经济中的地位也正在逐步上升。但我国社会总产出中物质投入的比重远超生产者服务投入的比重，说明我国国民经济的增长还是主要依赖物质的大量投入。我国生产性服务业体现出了典型的“高附加值，低拉动型”的特征，即我国生产性服务业发展对国民经济其他部门的拉动作用是比较小的。虽然我国的生产性服务业主要需求对象为第二产业，但其对制造业的贡献度不高。在大部分制造业部门中生产性服务投入的比例呈上升的趋势，制造业对生产性服务

① 用生产性服务业制造业投入率与制造业生产性服务业投入率之比反映两类产业在物质投入关系上的融合均衡程度；用制造业生产性服务业需求率与生产性服务业制造业需求率之比反映两个产业在产出消耗关系上的融合均衡度。这两个指标越接近于 1，说明两个产业融合的均衡程度变得更高。

业的需求在增加，生产性服务业在制造业发展过程中地位越来越重要。

（二）中国生产性服务进口贸易发展迅速但比重较小

从总量上看，我国生产性服务跨境贸易和商业存在之间并没有体现出此消彼长的替代现象，而是呈同步迅猛发展的态势，其中商业存在发展的速度更快，但跨境贸易的规模比商业存在大得多。虽然商业存在发展速度快于跨境贸易，但后者的规模比前者大得多。两者在各自领域中的比重都超过了一半，但在整个国民经济中的比重却都非常的小。两者的发展都与国内外的经济形式密切相关，跨境贸易受到的影响更大一些。从分行业发展来看，我国生产性服务贸易中传统服务贸易占的比重大，新兴服务贸易比重小，但高知识、高技术含量的服务贸易发展的速度比传统的快，而且两种服务贸易体现出了一定的互补性。

（三）制造业在我国经济中的地位举足轻重

中国制造业工业总产值高于同期 GDP 的增长倍数和增长速度，为带动我国国民经济的增长发挥了巨大的作用。中国制造业增长速度快，是拉动我国工业发展的重要部门，在世界经济中的作用也变得越来越重要。我国已经成为全球制造业出口第一大国，制造业出口在货物出口贸易中的比例正在赶超世界强国，已经成为我国货物出口的绝对主力。我国制造业虽然是“高拉动型”产业，但也反映出其附加值低的缺陷，而且与其他国家相比，我国制造业人均增加值偏低、国际竞争力还比较弱，说明还需要加大生产性服务这种中间投入的力度。

（四）两业融合程度呈加深的趋势

无论是从投入角度还是从消耗角度看，我国制造业融合于生产性服务业的程度都比较大。无论是从投入角度还是从消耗角度看，我国的生产性服务业都显著地依赖于制造业，制造业却并不显著地依赖于生产性服务业。但生产性服务业与制造业的共生关系正在向均衡性融合形态转变，即制造业开始表现出对生产性服务业的依赖增强的趋势。

第五章　生产性服务贸易前向溢出效应对中国制造业 TFP 影响的实证研究

通过前面的研究我们已经知道了制造业在我国经济中地位的重要性，目前制造业仍然是拉动我国经济发展的主要动力，所以，必须继续大力发展制造业。但制造业的发展主要源于生产要素投入数量的扩张，是粗放式的增长，引起了很多的环境和社会问题，因此无法保证发展的可持续性[①]。在欧美“再工业化”浪潮的冲击下，我国的制造业面临的形势更加严峻[②]。因此更加合理有效地利用各种生产要素，促进制造业全要素生产率的提升，对促进我国经济发展方式的转型升级具有重大意义。这不仅需要制造业本身的技术升级和改进，还需要依赖生产性服务业强有力的支撑，因为制造业不仅仅只有制造环节，它还包含为制造服务的研发、物流、创新、金融等诸多的服务环节。

通过前面章节的研究发现，虽然我国制造业中服务投入的比重呈不断上升的趋势，但是目前我国的制造业投入仍以物质投入为主，这对制造业的转型升级和高级化是不利的。虽然生产性服务是制造业的重要中间投入，但我国自己提供的生产性服务数量不足、质量低下，不能满足制造业对其日益增长的需求，所以有必要从国外引进质优价廉的生产性服务为我所用。通过对我国生产性服务贸易的研究发现，我国的生产性服务贸易也呈快速增长的态势，作为制造业重要的中间投入，这些引进的国外的生产性服务通过前向链接关系是否对我国制造生产率产生了正向的溢出效应？如果溢出效应为正，那么提升的作用方式又是什么？还存在哪些问题？这些都是值得研究的问题。目前，国内外

① Hsieh, Chang - Tai and Klenow, Peter J. Misallocation and Manufacturing TFP in China and India[J]. Quarterly Journal of Economics, 2009, 124 (4), pp. 1403-1448.

② Robert Pollin and Dean Baker. Reindustrializing America: A Proposal for Revising U. S. Manufacturing and Creating Millions of Good Jobs[J]. New Labor Forum, 2010, 19 (2) : 17-34.

对生产性服务业与制造业效率关系的问题已经有了一定的研究（Andersson，2004[①]；程大中，2006[②]；江静、刘志彪等，2007[③]），但对生产性服务贸易与制造业生产率关系的研究却非常少，对两者关系的实证研究更是鲜有涉及。所以，本章就对这些问题进行较为深入的探讨，为将来更好地利用生产性服务贸易来促进我国制造业生产率的提升提供政策建议的依据。

第一节 中国制造业全要素生产率的测算

一、全要素生产率（TFP）测算方法

（一）全要素生产率

生产率（productivity）又称为生产力，是指经济活动中的产出与投入的比值，其计算公式为：

$$\text{生产率}=\text{产出}/\text{投入} \tag{5.1}$$

如果产品的生产中只有一种投入（即单投入），此时的计算是相当简单的，此时的生产率叫作单要素生产率。然而，当投入多于一个时（而且通常情况下绝大多数产品的生产都需要多种要素的配合），必须将这些多投入汇总成为单一指数，全要素生产率（TFP—total factor productivity）就是这样一种能够对多要素的生产率进行测算的生产率指标。传统的对单要素生产率进行测量的指标，像农场土地生产率、发电厂的燃料生产率以及常见的企业的劳动生产率，都是对部分生产要素生产率的测量，因此又被称为偏生产率测量。但是，如果孤立地考察这些单要素的生产率，有可能会使生产率测算的结果产生偏误，例如，很多学者选取了劳动生产率指标作为制造业的生产率[④]，这种单要素

① Andersson，M.Co-location ofManufacturing & Producer Services A Simultaneous Equation Approach[J]. Working Paper，2004. http：//www. infra kth se /cesis /research /workpaphtm.

② 程大中 . 中国生产者服务业的增长、结构变化及其影响 [J]. 财贸经济，2006，10.

③ 江静，刘志彪，于明超 . 生产者服务业发展与制造业效率提升：基于地区和行业面板数据的经验分析 [J]. 世界经济，2007，8.

④ 蒙英华，尹翔硕（2010）和樊秀峰，韩亚峰（2012）采用的均是这个指标。

生产率会高估劳动对制造业生产率的贡献度①，而采用全要素生产率指标则可以避免这样的偏误。

（二）全要素生产率常见测算方法

1. 索洛余值法

这种方法是常用的计算全要素生产率的代表性方法之一，是通过测量“索洛余值”来计算投入产出的比率。这种方法需要通过设定某种特定形式的具体的生产函数，但是由于生产函数本身具有不可知性以及需要较强的理论假设，因此，如果模型设定的形式不同，产生的估计结果也就不同。而且该方法缺乏对整个宏观经济更为细致的考察，因为“余值”中包括的是不能直接观察到的所有因素带来的增长，这种处理方法在实际应用中也会遇到麻烦，因为“余值”大小的影响因素非常多且复杂，除了产出、要素投入和技术进步外，制度变动、宏观政策的变化以及分析期的差异等也都会影响到“余值”的大小。

2. 数据包络分析法

Fare 构建的基于 DEA（数据包络分析法）曼奎斯特（Malmquist）指数法来测算制造业 TFP 的变化不需要指定生产函数的形式。DEA 模型是基于数学规划模型来评价具有多投入和多产出决策单元（DMU）之间相对有效性的分析方法，是通过判断一个 DMU 是否位于生产前沿面上来判断该决策单元的生产是否有效②。用距离函数描述多投入、多产出的生产技术，同时不需要有类似利润最大化的行为假设。DEA 的基本模型主要有 CCR（规模报酬不变模型）和 BCC（规模报酬可变模型）两种，BCC 模型剔除了 CCR 固定规模报酬的假设，可以衡量不同规模报酬下的相对效率值。计算曼奎斯特指数，有面向投入和面向产出的两种距离函数，考虑到本书研究的对象为制造业，一般更关注的是一定的投入能否带来更大的产出这样的问题，因此，本书选择的是面向产出的 BCC 模型，因为制造业企业一般是在既定投入集合下尽量扩大产出。Malmquist

① 姚伟峰．中国经济增长中的效率变化及其影响因素实证研究 [M]. 北京：中国经济出版社，2007.

② 尚豫新，祝宏辉．1978—2007 年中国 TFP 的估算和分析——基于 DEA-Malmquist 生产率指数法 [J]. 石河子大学学报（哲学社会科学版），2010，2：44-48.

指数利用距离函数来计算生产率的变化，投入产出关系从 t 期向 $t+1$ 期的变化就是生产率的变化。而生产率的变化不仅取决于技术水平的变化（表现为生产前沿面的移动），也取决于技术效率的变化（表现为生产前沿面和实际产出之间距离的变化）。因此，全要素生产率的提升一方面是由技术进步（TC）引起的，即生产厂商能否采用更新的生产技术来代替原来的落后技术，另一方面是由技术效率（EC）的改进引起的，即生产厂商能否提高对新技术的吸收能力和利用效率。而技术效率又取决于纯技术效率（PE）和规模效率（SE）的变化。纯技术效率衡量的是以既定投入资源提供相应产出的能力，规模效率衡量的是向着最佳生产规模调整的能力。因此，曼奎斯特生产率指数（TFP）可以分解成技术变化和技术效率变化两个部分，技术效率又可以进一步分解成为纯技术效率变化和规模效率变化两个部分，它们之间的关系如下：

$$TFP=TC\times EC=TC\times PE\times SE \quad (5.2)$$

当 TFP>1 时，TFP 上升，反之，下降；当 TFP=1 时 TFP 保持不变。当 TC>1 时，表明存在技术进步，反之，出现了技术退步；技术效率指数的变化与技术进步变化的作用类似，即：当技术水平变化或技术效率变化大于 1 时，表明它们是全要素生产率增长的源泉，反之则是其下降的原因；纯技术效率变化和规模效率变化对技术效率的作用与技术进步对全要素生产率的作用类似。

二、中国制造业全要素生产率的测算

鉴于“索洛余值”法存在的缺陷，本书采用第二种方法来测算中国制造业全要素生产率。

（一）制造业全要素生产率指标设定及处理

本书选择了规模以上制造业全部 30 个行业[①]的工业总产值、资产总计和从业人员年平均数（万人）作为 DEA 方法测算制造业全要素生产率所要求的产出和投入指标。由于我国分别从 2003 年和 2012 年开始实行新的行业分类标准，所以不同时间段对行业的划分存在一定的差异，但是由于新旧行业划分标准变动不大，因此，基于对数据的连续性、一致性、可获得性和合理性的考虑，本书采用的是 2003 年的标准，数据时限全部定为 2001 年到 2013 年，研究对象为规模以上制造业，对应的指标为制造业“按行业分规模以上工业企业主要指标”，数据来源于各年《中国统计年鉴》《中国工业统计年鉴》《中国劳动统计年鉴》，部分数据来源于中经网数据库。由于存在数据缺失和行业分类标准不一致的情况，本书参照各年的《中国统计年鉴》和《中国工业统计年鉴》，按照一定的方法和标准对相关数据进行了相应的处理，具体的数据处理方法及说明如下：

1. 产出：采用的指标为“工业总产值（亿元）”，2004 年缺失的数据采用 2001 年到 2005 年工业总产值年平均增长率推算得出。2012 年和 2013 年缺失的数据按照 2011 年制造业工业总产值与工业生产总值的关系推算而来。第 29 项（橡胶制品业）和第 30 项（塑料制品业）数据从 2003 年以后才开始统计，故将 2001—2002 年缺失的数据用 2003 年到 2008 年 5 年平均增长率进行推算。另外，全部数据都使用以 2001 年为基期的“工业生产者出厂（定基）价格指数”进行了调整，以消除通货膨胀带来的影响。

---

① 本书所指的制造业是按两位代码分类的全部 30 个行业，分别用 1—30 来代表，这 30 个行业的代码和名称分别为：13. 农副产品加工业；14. 食品制造业；15. 饮料制造业；16. 烟草制品业；17. 纺织业；18. 纺织服装、鞋、帽制造；19. 皮革、毛皮、羽毛（绒）及其制品业；20. 木材加工及木、竹、藤、棕、草制品业；21. 家具制造业；22. 造纸和纸制品业；23. 印刷业和记录媒介的复制；24. 文教体育用品制造业；25. 石油加工、炼焦和核燃料加工业；26. 化学原料和化学制品制造业；27. 医药制造业；28. 化学纤维制造业；29. 橡胶制品业；30. 塑料制品业；31. 非金属矿物制品业；32. 黑色金属冶炼及压延加工业；33. 有色金属冶炼及压延加工业；34. 金属制品业；35. 通用设备制造业；36. 专用设备制造业；37. 交通运输设备制造业；39. 电气机械及器材制造业；40. 通信设备、计算机及其他电子设备制造业；41. 仪器仪表及文化、办公用机械制造业；42. 工艺品及其他制造业；43. 废弃资源和废旧材料回收加工业。

2. 投入 1：选用的指标为“资产总计（亿元）”，由于资产总计中固定资产即为固定资产净值，所以不再需要对该数据进行折旧处理。第 24 项（文教体育用品制造业）2012 年数据用 2013 年《中国统计年鉴》中的“文教、工美、体育和娱乐用品制造业”指标对应的数据减去 2013 年《中国工业统计年鉴》中“工艺美术品制造”指标对应的数据得出，该项 2013 年缺失的数据按 2012 年的分行业数据按比例估算得出。第 29 项（橡胶制品业）和第 30 项（塑料制品业）2012 年的数据来源于《中国工业统计年鉴》，2013 年该项的数据按照 2012 年两个产业在总值中的比例计算得来。第 41 项（仪器仪表及文化、办公用机械制造业）2012 年数据由《中国统计年鉴》“仪器仪表制造业”和《中国工业统计年鉴》“文化办公制造业”数据加总得来，2013 年数据用该项 2012 年的数据按比例计算得来。第 42 项（工艺品及其他制造业）2012 年数据为 2013 年《中国统计年鉴》中第 41 项（其他制造业）与 2013 年《中国工业统计年鉴》中“工艺美术品制造”数据加总得来，该项 2013 年数据用 2012 年“其他制造业”数据按比例估算得来。同样，由于各年统计年鉴所提供的资产总计数据都是以当年价格计算的数据，故需要对数据进行价格调整，以消除通货膨胀的影响，本书对该项指标对应的所有数据以 2001 年为基期的“固定资产投资（定基）价格指数”进行了平减。

3. 投入指标 2（制造业从业人员年平均数）：本书选取的劳动投入为制造业全部从业人员年平均人数。第 29 项和第 30 项 2001 年和 2002 年缺失的数据用 2003—2008 年年均增长率推算得来。本指标 2012 年缺失的数据按照 2011 年的制造业分行业在规模以上工业企业全部从业人员年平均人数中的比重计算得来，2013 年缺失的数据按照制造业各分行业 2011 年的占比情况，用 2013 年第二产业就业人员数估算出来。

（二）中国制造业全要素生产率计算的结果及分析

本书对中国制造业全要素生产率的测算和分解都是通过使用软件 DEAP2.1 来实现的，从测算得到的结果可以看出，从 2001 年到 2013 年中国制造业全要素生产率及其各项分解值的变化有以下几个特征。

1. 年度均值大部分是大于 1 的

从表 5-1 可以看出在 2001 年至 2013 年间我国制造业在绝大多数的年份里整个行业的全要素生产率（TFP）都是大于 1 的，即我国的制造业全要素生产率一直处于增长的状态，只有 2012 年和 2013 年 TFP 的值略低于 1，说明这个时间段我国制造业生产率有所下降[①]。与 TFP 的表现不同，制造业全要素生产率分解项之一的技术变动（techch）在绝大多数的年份里值都小于 1，说明我国制造业的技术进步状况不够稳定，时而上升，时而下降。制造业全要素生产率分解项之二的技术效率变动（effch）则稳定得多，在绝大多数的年份里值都大于 1，即技术效率在大部分年份里是呈上升态势的，只有 2004、2007 和 2010 三年是下降的。技术效率分解项之一的纯技术效率（pech）的表现与技术效率的变动类似，只有 2003、2008 和 2012 三年略低于 1，其他年份都大于 1，说明大部分年度制造业纯技术效率一直处于改进的状况；但技术效率分解项之二的规模效率变动（pech）的情况则体现出了频繁的震荡态势，有 5 个年度是下降的，但其余各年则是上升的。

表 5-1　中国制造业 2001—2013 年全要素及其各分解项变动均值

年度	tfpch	techch	effch	pech	sech
2	1.119	1.059	1.057	1.000	1.057
3	1.107	1.094	1.012	0.961	1.053
4	1.138	1.481	0.768	1.003	0.766
5	1.025	0.829	1.236	1.012	1.221
6	1.057	0.954	1.108	1.004	1.103

① 采用数据包络分析法，有时会得出技术退步的结果，这样的结果一般很难解释，但有时也能在某些行业和某些情况下找到例子。比如农业劳动力向工业的转移可能会造成掌握先进农业技术的青壮年劳动力离开农村到城市里工作，结果留在农村从事农业生产的多为老人和妇女，导致技术上的倒退。再比如发展中地区的人才外流也可能造成技术退步现象（郑京海、胡鞍钢，2005）。何元庆（2007）认为技术退步的现象在中国可能会经常发生。首先，我国的技术效率不高，先进的生产设备并没有得到充分地利用，而且我国的企业特别是国有企业冗员比较多，企业为了避免出现机器设备排挤人的情况发生，先进的生产设备会被弃之不用，让工人们用手工劳动去代替机器来完成一些生产过程，这种情况在改革开放的早期时有发生。另外，企业即使拥有先进的技术、工艺和生产设备，如果管理跟不上，企业无法将技术设备和生产工人有机结合起来，那么先进的技术、工艺和设备也就无法充分发挥出应有的功效，这些情况都会引起技术退步现象的发生。

续表

年度	tfpch	techch	effch	pech	sech
7	1.081	1.145	0.944	1.059	0.891
8	1.038	0.910	1.141	0.977	1.168
9	1.026	0.982	1.044	1.052	0.993
10	1.047	1.203	0.870	1.010	0.862
11	1.067	0.934	1.141	1.002	1.138
12	0.958	0.957	1.002	0.997	1.005
13	0.977	0.972	1.005	1.007	0.998
均值	1.052	1.032	1.020	1.007	1.013

注：此处为制造业整体 TFP 及其分解项的值，由于篇幅所限，各分行业各年全要素生产率指数及其各分解效率变动值均未在此列表显示。

2. 行业均值大部分也是大于 1 的

从表 5-2 可以看出，制造业 30 个行业每个行业全要素生产率变动的均值都大于 1，说明各行业 TFP 整体情况是呈上升态势的。各行业技术进步变动均值也全部大于 1，说明我国的制造业各行业总体来说存在技术进步的现象。制造业各分行业技术效率的变动均值，只有纺织服装、鞋、帽制造业和通信设备、计算机及其他电子设备制造业两个行业的均值略低于 1，其他行业均值均超过了 1，说明绝大多数行业存在技术效率的改进。各行业中有 7 个行业的纯技术效率变动（pech）值略低于 1，5 个行业的规模效率变动（sech）的值略低于 1，说明制造业大部分行业存在纯技术效率的改进，规模效率的改进更是明显。

表 5-2　中国制造业各行业 2001—2013 年全要素生产率各项变动均值

行业	tfpch	techch	effch	pech	sech
1	1.047	1.024	1.022	1.000	1.022
2	1.051	1.024	1.026	1.005	1.021
3	1.058	1.039	1.018	1.007	1.011
4	1.128	1.128	1.001	1.010	0.991
5	1.061	1.009	1.051	1.009	1.041
6	1.006	1.008	0.999	0.975	1.024
7	1.010	1.008	1.002	0.986	1.016

续表

行业	tfpch	techch	effch	pech	sech
8	1.068	1.009	1.058	1.028	1.029
9	1.028	1.009	1.019	0.993	1.027
10	1.062	1.038	1.023	1.007	1.016
11	1.050	1.024	1.025	1.004	1.021
12	1.024	1.008	1.016	1.000	1.016
13	1.089	1.089	1.000	1.000	1.000
14	1.069	1.045	1.023	1.026	0.997
15	1.050	1.042	1.008	0.998	1.009
16	1.071	1.048	1.022	1.015	1.007
17	1.065	1.021	1.043	1.019	1.023
18	1.049	1.022	1.027	1.006	1.021
19	1.068	1.020	1.047	1.022	1.025
20	1.080	1.047	1.031	1.039	0.993
21	1.073	1.045	1.026	1.026	1.000
22	1.026	1.015	1.011	0.986	1.026
23	1.075	1.027	1.047	1.025	1.021
24	1.053	1.029	1.024	1.004	1.019
25	1.054	1.044	1.010	1.027	0.984
26	1.037	1.032	1.004	1.004	1.001
27	1.029	1.038	0.991	1.000	0.991
28	1.035	1.023	1.012	0.990	1.022
29	1.025	1.010	1.015	0.998	1.016
30	1.030	1.030	1.000	1.000	1.000
均值	1.052	1.032	1.020	1.007	1.013

3. 各分解项对制造业全要素生产率的提升均有正向的影响

从表 5-1 和表 5-2 可以看出我国制造业全要素生产率及其各分解项的变动平均值均大于 1，但全要素生产率的提升主要依靠的是技术进步（从均值为 1.032 可以看出）的拉动，这和众多学者的研究结论是一致的（郑京海、胡鞍钢，2005；何元庆，2007；尚豫新、祝宏辉，2010），但不可忽视的是，技术效率（均值为 1.02）对中国全要素生产率的拉动作用与技术进步相差无几，这说明我国制造业的技术进步和技术效率的改进对我国制造业生产率的全面提升都发挥了重要的作用。在技术效率的提升方面，分解项规模效率（均值为 1.031）的值比纯技术效率（均值为 1.007）要大一些，说明中国制造业存在规模效应，同时，纯技术效率的提升也促进了我国制造业技术效率的改进，进而对制造业全要素生产率的提升发挥了重要的作用。

从图 5-1 可以直观地看出我国制造业全要素生产率及其各分解项各年数值的变化趋势，除了 2012 和 2013 两年，我国制造业 TFP 一直处于较为平稳的上升的态势，其分解项技术进步和技术效率也呈震荡上升的趋势，但技术进步比技术效率大得多。技术效率的两个分解项纯技术效率和规模效率也呈类似的发展态势，但纯技术效率的增速缓慢，不及规模效率的改善对技术效率的提升作用大 。

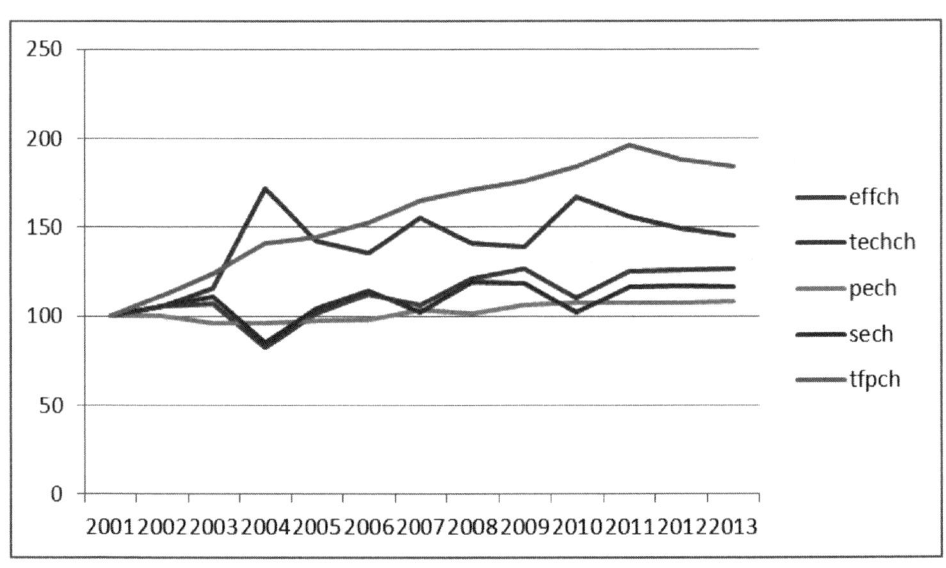

图 5-1　2011—2013 年中国制造业全要素生产率及其分解项值的变化

（三）中国制造业全要素生产率分行业年度计算的结果及分析

通过对我国制造业各分行业全要素生产率及其各分解项的计算和整理，我们可以得出以下几个结论。

1. 大部分行业在大部分的年份生产率都处于上升的势头

从行业的角度来看，在 2001—2013 年间的大部分时间里制造业生产率是上升的，30 个行业均体现了这一特征。从表 5-3 可以看出，除了第 27、28 和 30 项，这三个行业有 5 个年度 TFP 的值小于 1；第 6 项和第 29 项两个行业有 4 个年度 TFP 的值小于 1 以外，其他各行业 TFP 小于 1 的年度都不超过 3 个。第 4（烟草制品业）、5（纺织业）、10（造纸和纸制品业）、13（石油加工、炼焦和核燃料加工业）和 23（通用设备制造业）项 5 个行业更是在整个统计时间跨度内 TFP 的值全部大于 1，这充分说明绝大部分行业在绝大部分的年份里存在生产率进步的现象。

从时间维度来看，制造业全要素生产率的表现与经济形势密切相关。从表 5-3 可以看出 2005 年有 8 个行业 TFP 的值小于 1，2005 年是中国实现经济“软着陆”和全面兑现入世承诺的关键一年，投资增长过快的势头得到有效遏制，不可避免要对相关产业产生一定的负面影响。2008—2010 年三年间每年有 3 到 5 个行业 TFP 的值略小于 1，2012—2013 两年间出现了大面积的全要素生产率下降的局面（TFP 值小于 1 的行业达到了 2/3 以上），这与欧美经济危机带来的传导性影响是密切相关的，与我国近年来经济发展方式的调整也是密不可分的。在其他经济形势较好的年份，制造业 TFP 值小于 1 的行业都不超过 3 个，2002、2004 和 2007 三个年度更是全部行业都实现了生产率的进步。

2. 大部分行业在大部分的年份技术变动波动较大

从行业的角度来看，制造业各行业的技术进步都体现出了较大的波动态势，从表 5-4 可以看出有 14 个行业有 7 个年度技术变动的值小于 1，剩下 16 个行业技术变动的值小于 1 的年度不超过 6 个。只有第 4（烟草制品业）和第 13（石油加工、炼焦和核燃料加工业）这两个行业表现最好，烟草制品业的技术一直在进步，石油加工、炼焦和核燃料加工业只在 2009 年度出现了技术退步。

从时间角度来看，制造业技术变动的表现也与经济形势密切相关。从表 5-4 可以看出 2005—2006 年、2008—2009 年和 2011—2013 三个期间绝大部分的制造业行业的技术都是退步的，其他经济形势较好的年度则全部呈技术进步态势。

表 5-3 制造业各行业 2001—2013 年全要素生产率（tfpch）变动情况

年度 行业	2	3	4	5	6	7	8	9	10	11	12	13
1	1.117	1.105	1.139	1.074	1	1.07	1.114	1.003	0.991	1.082	0.934	0.956
2	1.096	1.068	1.12	1.036	1.083	1.085	1.089	1.058	1.03	1.061	0.938	0.965
3	1.105	1.059	1.108	1.103	1.09	1.105	1.033	1.126	1.016	1.087	0.934	0.95
4	1.306	1.172	1.165	1.057	1.138	1.163	1.047	1.145	1.067	1.163	1.066	1.079
5	1.077	1.037	1.133	1.061	1.044	1.06	1.043	1.041	1.059	1.088	1.064	1.024
6	1.055	1.027	1.038	1.005	0.99	1.072	1.02	1.086	0.981	1.038	0.815	0.977
7	1.039	1.074	1.001	1	1.027	1.062	1.017	1.036	1.018	1.042	0.829	0.991
8	1.075	1.069	1.109	1.084	1.084	1.153	1.038	1.14	1.06	1.142	0.939	0.946
9	1.095	0.999	1.109	1.028	1.016	1.035	1.102	1.052	1.018	1.036	0.913	0.953
10	1.119	1.113	1.133	1.045	1.059	1.122	1.046	1.015	1.05	1.049	1.01	0.993
11	1.129	1.079	1.098	0.974	1.046	1.094	1.104	1.059	1.045	1.118	0.92	0.956
12	1.031	1.092	1.042	0.996	1.011	1.033	1.039	1.049	1.056	1.053	0.964	0.928
13	1.112	1.223	1.146	1.118	1.127	1.033	1.076	0.954	1.156	1.099	1.025	1.026
14	1.128	1.182	1.173	1.092	1.031	1.109	1.05	0.991	1.072	1.134	0.929	0.974
15	1.092	1.049	1.12	1.022	1.057	1.141	1.096	1.066	1.032	1.092	0.927	0.93
16	1.127	1.287	1.057	1.107	1.099	1.049	0.993	1.002	1.056	1.111	1	0.996
17	1.166	1.119	1.158	1.016	1.065	1.046	1.036	1.095	1.037	1.068	1	0.986
18	1.07	1.072	1.101	0.99	1.068	1.107	1.056	1.053	1.028	1.084	0.981	0.988
19	1.116	1.113	1.124	1.086	1.091	1.144	1.072	1.07	1.045	1.086	0.936	0.957
20	1.196	1.262	1.202	1.168	0.971	1.086	1.129	0.855	1.067	1.112	0.98	1.006
21	1.1	1.176	1.149	1.226	1.265	1.075	0.95	0.892	1.113	1.118	0.929	0.959
22	1.098	1.094	1.045	1.09	1.036	1.065	1.046	0.967	1.023	1.017	0.873	0.985
23	1.207	1.137	1.14	1.088	1.081	1.064	1.046	1.026	1.03	1.094	1.037	0.974
24	1.184	1.069	1.179	1.022	1.085	1.037	1.031	1.075	1.01	1.057	0.952	0.967
25	1.228	1.14	1.126	0.918	1.068	1.069	1.01	1.079	1.051	1.025	1.008	0.964
26	1.069	1.102	1.086	1.043	1.088	1.074	1.021	1.009	0.976	1.016	0.978	0.989
27	1.123	1.137	1.075	0.977	1.059	1.002	1.019	0.976	0.961	1.059	0.982	0.993
28	1.107	1.173	1.161	0.996	1.04	1.049	0.971	0.896	1.085	1.024	0.975	0.976
29	1.227	1.018	1.36	0.715	1.006	1.054	1.062	0.998	1.041	1.047	0.944	0.951
30	1.035	1.033	1.708	0.757	0.933	1.182	0.837	1.024	1.288	0.842	1.017	0.982

表 5-4 中国制造业各行业 2001—2013 年技术变动（techch）情况表

年度 行业	2	3	4	5	6	7	8	9	10	11	12	13
1	1.063	1.077	1.502	0.826	0.911	1.176	0.886	1.003	1.186	0.905	0.942	0.973
2	1.065	1.084	1.509	0.828	0.911	1.176	0.887	1.000	1.171	0.913	0.938	0.969
3	1.077	1.162	1.310	0.943	0.981	1.145	0.894	0.975	1.278	0.872	0.959	0.979
4	1.155	1.172	1.168	1.177	1.187	1.089	1.112	1.017	1.189	1.141	1.066	1.079
5	1.012	1.011	1.812	0.649	0.911	1.176	0.888	0.992	1.170	0.944	0.946	0.942
6	1.012	1.011	1.812	0.643	0.911	1.176	0.888	0.992	1.170	0.954	0.932	0.938
7	1.012	1.011	1.812	0.643	0.911	1.176	0.888	0.992	1.170	0.954	0.932	0.938
8	1.014	1.011	1.812	0.643	0.911	1.176	0.888	0.992	1.170	0.954	0.939	0.946
9	1.012	1.011	1.812	0.643	0.911	1.176	0.888	0.992	1.170	0.954	0.937	0.943
10	1.070	1.123	1.393	0.916	0.965	1.176	0.877	0.981	1.273	0.876	0.961	0.978
11	1.065	1.084	1.504	0.827	0.911	1.176	0.888	0.994	1.170	0.919	0.939	0.967
12	1.012	1.011	1.812	0.643	0.911	1.176	0.888	0.992	1.170	0.954	0.932	0.938
13	1.112	1.223	1.146	1.118	1.127	1.033	1.076	0.954	1.156	1.099	1.025	1.026
14	1.076	1.155	1.316	0.955	1.000	1.098	0.932	0.949	1.266	0.927	0.974	0.981
15	1.079	1.171	1.289	0.961	0.995	1.131	0.897	0.972	1.293	0.872	0.964	0.981
16	1.083	1.201	1.210	1.004	1.030	1.046	0.969	0.935	1.232	0.959	0.977	0.980
17	1.063	1.080	1.508	0.808	0.911	1.176	0.888	0.996	1.170	0.911	0.938	0.969
18	1.063	1.069	1.551	0.787	0.911	1.176	0.888	0.992	1.170	0.933	0.943	0.959
19	1.045	1.036	1.593	0.779	0.911	1.176	0.886	1.003	1.197	0.899	0.947	0.974
20	1.083	1.199	1.194	1.024	1.049	1.006	1.019	0.903	1.154	1.022	0.982	0.977
21	1.077	1.168	1.274	0.977	1.020	1.052	0.967	0.929	1.207	0.978	0.979	0.978
22	1.054	1.035	1.603	0.740	0.911	1.176	0.888	0.993	1.170	0.915	0.942	0.971
23	1.063	1.083	1.490	0.849	0.914	1.176	0.874	1.001	1.228	0.893	0.946	0.972
24	1.063	1.084	1.489	0.858	0.922	1.179	0.863	0.992	1.259	0.873	0.960	0.978
25	1.077	1.169	1.279	0.965	1.003	1.091	0.939	0.945	1.256	0.924	0.972	0.983
26	1.072	1.121	1.416	0.894	0.923	1.176	0.872	1.002	1.229	0.889	0.951	0.974
27	1.084	1.199	1.239	0.963	0.977	1.182	0.866	1.004	1.217	0.905	0.938	0.968
28	1.064	1.076	1.549	0.795	0.911	1.176	0.888	1.001	1.175	0.912	0.938	0.968
29	1.012	1.011	1.812	0.643	0.911	1.176	0.888	0.992	1.170	0.948	0.944	0.955
30	1.035	1.033	1.708	0.757	0.933	1.182	0.867	0.989	1.288	0.885	0.968	0.982

3. 技术效率变动

从行业的角度来看，制造业各行业在大部分的年份里面都是处于改善的状态，只有第 24 个行业（专用设备制造业）有 6 个年度的技术效率变动值小于 1，另外还有 7 个行业有 5 个年度的技术效率变动值小于 1（见表 5–5）。

表 5–5　中国制造业各行业 2001—2013 年技术效率（Effch）情况表

行业＼年度	2	3	4	5	6	7	8	9	10	11	12	13
1	1.051	1.025	0.758	1.300	1.097	0.910	1.257	1.000	0.836	1.196	0.991	0.982
2	1.029	0.985	0.742	1.251	1.189	0.923	1.228	1.059	0.880	1.162	1.000	0.996
3	1.026	0.911	0.846	1.170	1.112	0.965	1.155	1.155	0.795	1.246	0.974	0.971
4	1.131	1.000	0.998	0.897	0.958	1.068	0.942	1.126	0.898	1.020	1.000	1.000
5	1.064	1.026	0.625	1.636	1.146	0.902	1.173	1.049	0.905	1.152	1.125	1.087
6	1.042	1.016	0.573	1.564	1.086	0.912	1.148	1.095	0.838	1.088	0.875	1.043
7	1.027	1.062	0.552	1.557	1.127	0.904	1.145	1.045	0.870	1.092	0.890	1.057
8	1.059	1.057	0.612	1.686	1.190	0.981	1.168	1.148	0.906	1.196	1.000	1.000
9	1.082	0.988	0.612	1.600	1.115	0.881	1.240	1.060	0.870	1.086	0.974	1.010
10	1.045	0.991	0.813	1.141	1.097	0.954	1.193	1.034	0.825	1.197	1.051	1.016
11	1.061	0.995	0.730	1.177	1.148	0.930	1.243	1.066	0.893	1.216	0.980	0.988
12	1.018	1.081	0.575	1.549	1.110	0.878	1.170	1.058	0.903	1.103	1.035	0.989
13	1.000	1.000	1.000	1.000	1.000	1.000	1.000	1.000	1.000	1.000	1.000	1.000
14	1.049	1.023	0.891	1.144	1.030	1.010	1.127	1.044	0.847	1.223	0.953	0.993
15	1.013	0.896	0.868	1.064	1.063	1.009	1.222	1.097	0.798	1.252	0.962	0.948
16	1.041	1.072	0.873	1.103	1.067	1.003	1.024	1.071	0.857	1.158	1.024	1.016
17	1.097	1.036	0.768	1.258	1.169	0.890	1.167	1.098	0.887	1.173	1.067	1.018
18	1.007	1.003	0.710	1.259	1.172	0.941	1.189	1.061	0.878	1.162	1.041	1.030
19	1.068	1.074	0.706	1.395	1.197	0.973	1.209	1.067	0.873	1.208	0.989	0.983
20	1.104	1.053	1.007	1.141	0.926	1.080	1.108	0.947	0.925	1.088	0.997	1.030
21	1.022	1.008	0.901	1.255	1.240	1.022	0.982	0.960	0.923	1.142	0.949	0.980
22	1.041	1.057	0.652	1.473	1.137	0.906	1.177	0.974	0.875	1.112	0.927	1.014
23	1.136	1.050	0.765	1.281	1.182	0.905	1.196	1.025	0.839	1.225	1.097	1.002
24	1.114	0.986	0.792	1.192	1.177	0.880	1.195	1.083	0.802	1.210	0.992	0.989
25	1.140	0.976	0.881	0.951	1.065	0.980	1.076	1.142	0.837	1.109	1.037	0.981
26	0.997	0.983	0.766	1.166	1.178	0.914	1.170	1.007	0.794	1.143	1.029	1.015
27	1.036	0.949	0.867	1.015	1.083	0.848	1.177	0.972	0.789	1.171	1.047	1.025
28	1.040	1.090	0.749	1.253	1.142	0.892	1.093	0.895	0.923	1.123	1.039	1.008
29	1.212	1.007	0.750	1.113	1.104	0.897	1.196	1.006	0.890	1.103	1.001	0.996
30	1.000	1.000	1.000	1.000	1.000	1.000	0.966	1.036	1.000	0.952	1.050	1.000

从时间维度来看，制造业技术效率的变动情况也和经济形势相关。2004、2007 和 2010 这三个年度受经济下滑影响出现技术效率下降的行业比较多。

第二节　生产性服务贸易前向溢出效应对制造业整体生产率影响的实证

一、回归方程的确定及说明

由于生产性服务贸易对制造业的前向溢出指的是处于下游的制造业通过购买处于上游的、从国外引进的生产性服务并将其作为重要的生产中间投入进行使用而对其产生的技术溢出效应，所以，此处使用常用的柯布–道格拉斯生产函数来作为构建相应回归方程的基础。在制造业的生产中，除了直接生产所需的投入即物质资本（K）和劳动力（L）的投入以外，还需要在价值链的各个环节投入服务中间品（即生产者服务 S），因此，制造业产出（Y）的表达式可以表述为以下的形式：

$$Y = AL^{\alpha}K^{\beta}S^{\gamma} \tag{5.3}$$

则制造业全要素生产率为

$$\text{TFP} = \frac{Y}{L^{\alpha}K^{\beta}} = AS^{\gamma} \tag{5.4}$$

由于在开放经济下，制造业企业既可以从国内也可以从国外购买生产性服务作为其中间投入，因此，制造业全要素生产率还可以进一步表示为：

$$\text{TFP} = A(\text{SD})^{\alpha}(\text{TRAD})^{\beta}\ (\text{FDI})^{\gamma} \tag{5.5}$$

其中，SD 为从国内购买的生产性服务，TRAD 为从国外直接购买的服务，对应的是生产性服务跨境贸易部分；FDI 为企业购买的商业存在形式的生产性服务，这部分服务由外商直接投资的跨国公司提供。为了消除异方差的影响，将公式（5.5）两边取对数，可以得到下面作为本书使用的回归方程基本解析表达式：

$$\ln\text{TFP} = c_i + \alpha_1\ln\text{SD} + \alpha_2\ln\text{TRAD} + \alpha_3\ln\text{FDI} + \varepsilon_{it} \tag{5.6}$$

考虑到资本强度是影响制造业生产率的重要因素，本书在公式（5.6）中加入了该影响因素，进一步将其改写为如下形式：

$$\ln \mathrm{TFP}_{it} = c_i + \alpha_1 \ln fdi_t + \alpha_2 \ln \mathrm{trad}_t + \alpha_3 \ln pr_t + \alpha_4 \ln pk_{it} + \varepsilon_{it} \tag{5.7}$$

为了得到和区分更准确的全要素生产率的来源，本书对 TFP 分解项技术效率（EC）、技术进步（TC）、纯技术效率（PE）和规模效率（SE）也进行了回归，回归方程分别如下：

$$\ln EC_{it} = c_i + \alpha_1 \ln \mathrm{fdi}_t + \alpha_2 \ln \mathrm{trad}_t + \alpha_3 \ln \mathrm{pr}_t + \alpha_4 \ln \mathrm{pk}_{it} + \varepsilon_{it} \tag{5.8}$$

$$\ln TC_{it} = c_i + \alpha_1 \ln \mathrm{fdi}_t + \alpha_2 \ln \mathrm{trad}_t + \alpha_3 \ln \mathrm{pr}_t + \alpha_4 \ln \mathrm{pk}_{it} + \varepsilon_{it} \tag{5.9}$$

$$\ln PE_{it} = c_i + \alpha_1 \ln \mathrm{fdi}_t + \alpha_2 \ln \mathrm{trad}_t + \alpha_3 \ln \mathrm{pr}_t + \alpha_4 \ln \mathrm{pk}_{it} + \varepsilon_{it} \tag{5.10}$$

$$\ln SE_{it} = c_i + \alpha_1 \ln \mathrm{fdi}_t + \alpha_2 \ln \mathrm{trad}_t + \alpha_3 \ln \mathrm{pr}_t + \alpha_4 \ln \mathrm{pk}_{it} + \varepsilon_{it} \tag{5.11}$$

其中，i 代表制造业行业（i=1，…，30），t 代表年份；c_i 表示影响全要素生产率的行业特征要素；fdi 为商业存在的技术溢出效应，参照杨阳、姚利民（2009）[①] 等人的研究方法，并且为了消除规模的影响，本书采用 FDI 对 GDP 的贡献率，即用 FDI/GDP 来衡量生产性服务商业存在对制造业的前向技术溢出效应[②]，该指标越大说明我国在服务领域吸引到的外资越多，从商业存在服务提供方式中获得的技术含量就越多，产生的溢出效应就越大；trad 为生产性服务跨境服务贸易的前向技术溢出效应，用生产性服务贸易进口额占各年 GDP 的比重来表示，该指标越大说明一国的对外贸易越活跃，获得的生产性服务进口贸易技术溢出效应相应的就越多，更能有效地促进一国的技术进步；pr 为生产性服务业从业人数在全部服务业就业人数中的比重。由于我国没有制造业使用生产性服务人数的统计，而且生产性服务的产出 60% 投到了工业行业，所以本书用该指标替代表示中国制造业从国内购买的生产性服务。另外该指标也代表了我国生产性服务业的规模，由于生产者服务业的劳动投入是决定生产者服务种类和数量的重要因素，该指标还可以用来分析生产者服务专业化程度的加深和规模的扩大对我国制造业企业生产率提升的影响；pk 为制造业的资本强度，用

① 杨阳，姚利民 . 技术差距对 FDI 技术溢出影响的门槛回归分析 [J]. 北方经济，2009，1：25-26.

② 这里使用外资服务业企业的产出占服务业总产出的比重更加合适，但由于数据可得性问题，杨阳、姚利民（2009）用服务业 FDI 投资额占服务业固定资产投资额的比重来估算这一指标。

制造业人均固定资本原值来表示，该指标能反映企业的投资强度及规模，这个指标数值的扩大有助于企业产生规模经济效应，同时有利于企业采用更先进的技术并提升企业对现有技术的吸收、改造和利用水平，从而使制造业企业的生产率得到全面的提升；α_1 到 α_4 为变量的系数，是自变量对因变量的弹性，分别代表各解释变量对制造业全要素生产率的影响强度；ε_{it}为误差项。

二、指标和数据的处理及说明

1. TFP、TC、EC、PE 和 SE 是制造业全要素生产率及其各分解项的值。由于前面计算出来的 TFP 是制造业全要素生产率的指数而不是全要素生产率，因此要对各指数进行变换。Malmquist 指数是相对于上一年的生产率的变化率，即：假如第 t 年的 TFP 为 M，第 t+1 年的 TFP 指数为 N，则第 t+1 年的 TFP 为 $M \times N$，TFP 的各分解项的计算方法也与此相同。

2. 本章选取的生产性服务业和生产性服务贸易标准及范围同第四章。

3. 生产性服务业外商直接投资（FDI）用服务行业“实际利用外商直接投资”指标表示，由于《中国统计年鉴》中 FDI 数据以美元为计价单位，因此首先需要将每年的外商直接投资用人民币汇率（年平均价）换算成人民币金额（亿元），再以 2001 年为基期的固定资产投资价格指数进行平减。为了解决数据统计标准的不一致，将 2001—2003 年地质勘察业、水利管理业与科学研究和综合技术服务业合并为科学研究、技术服务和地质勘察业。

4. 生产性服务跨境贸易则是先用人民币对美元汇率进行换算，再以 2001 年为基期的商品零售（定基）价格指数进行平减。

5. 生产性服务业从业人员数（万人）选取的指标为“按行业分城镇单位就业人员数（年底数）”。

6. 制造业人均固定资本原值（亿元）为制造业企业固定资产原值与制造业就业人员年平均值（万人）的比值；其中，制造业固定资本原值（亿元）用 2001 年为基期的固定资产投资价格指数进行了平减；GDP（亿元）按照不变价格计算的国内生产总值指数调整为以 2001 年为基期的价格。

三、估计和检验

（一）估计模型的构建及说明

本书所用的所有数据均采用 EXCEL 以及软件 STATA12 进行处理；模型中的所有数据都平减后取自然对数，这样的表示形式使解释变量前的系数表示为弹性，以方便比较（冼国明、严兵，2005）。模型中采用面板数据（panel data）进行处理的方法，可以增加样本量，增大自由度，并且可以减少解释变量之间的多重共线性，因此能够提高估计的准确度。由于本书的面板数据既包括各行业的截面数据，又包括年份数据，具有二维性，而面板数据的这种二维性，使得如果模型设定不正确以及由此造成的参数估计方法的不当，将会对参数估计的结果造成较大的偏差。因此在构建模型之前必须对模型的设定形式进行检验，在面板数据的估计过程中，通常会考虑两种模型，即固定效应模型（fe）以及随机效应模型（re），在实证中通常采用 Hausman（1978）检验的方法来判断究竟是采用哪种效应的模型。

（二）估计和检验的结果及分析

经过 Hausman 检验，除了公式（5.10）对应的回归检验不能拒绝原假设，应采用随机效应模型以外，公式（5.6）到公式（5.11）的检验结果均拒绝了原假设，故均应采用固定效应模型，回归的检验及具体结果详见表 5–6。由于 lnfdi 在技术效率和规模效率回归中的系数为负，lntrad 在纯技术效率的回归中的系数也为负，考虑到可能存在滞后效应，对公式（5.8）和（5.11）的 fdi 做了滞后一期的回归检验，对公式（5.10）的 trad 做了滞后一期的回归检验，表达式分别如下：

$$\text{lnEC} = c_i + \alpha_1 \text{lnfdi}_{t-1} + \alpha_2 \text{lntrad}_t + \alpha_3 \text{lnpr}_t + \alpha_4 \text{lnpk}_t + \varepsilon_{it} \quad (5.12)$$

$$\text{lnSE} = c_i + \alpha_1 \text{lnfdi}_{t-1} + \alpha_2 \text{lntrad}_t + \alpha_3 \text{lnpr}_t + \alpha_4 \text{lnpk}_t + \varepsilon_{it} \quad (5.13)$$

$$\text{lnPE} = c_i + \alpha_1 \text{lnfdi} + \alpha_2 \text{lntrad}_{t-1} + \alpha_3 \text{lnpr}_t + \alpha_4 \text{lnpk}_t + \varepsilon_{it} \quad (5.14)$$

经过 Hausman 检验，（5.12）和（5.13）两个模型均应采用随机效应模型，（5.14）则适用固定效应模型进行估计（结果见表 5–7）。

从表 5–6 可以看出生产性服务跨境贸易和商业存在都与我国制造业的全要

素生产率呈显著的正相关关系，而且提升作用很大，但两者的提升力度不同。生产性服务的跨境贸易对我国制造业 TFP 的提升作用（系数为 0.4003）是商业存在作用（系数为 0.1166）的 3.43 倍。这是因为中国新兴服务贸易的进口总额呈现不断上升的趋势，保险、咨询以及专利使用等份额的提高尤为明显，使得我国生产性服务进口结构趋于优化，为中国制造业提供了更多稀缺的高级投入要素（姜超，2013）。而由于跨国公司拥有的垄断势力以及严格的保密措施，使得生产性服务业的商业存在对我国制造业的技术溢出效应有限；另外，如果国内外企业之间的技术差距过大，也会影响其技术溢出效应的大小（Kokko，1992）。

对 TFP 各分解项回归后的结果分析如下：

1. 商业存在溢出效应与制造业的技术进步呈显著的正相关关系，与技术效率呈负相关关系，但这种负相关关系没有通过显著性检验；其中与纯技术效率呈较为显著的正相关关系，但作用不大，与规模效率呈较为显著的负相关关系，但作用也不大。本书将 FDI 滞后了一期（llnfdi），再进行回归，得到了 FDI 与这两者显著正相关且作用很大的结果（见表 5-7），表明了商业存在对制造业的技术效率和规模效率的提升确实存在滞后效应，而且滞后提升作用非常大，充分说明了虽然生产性服务业 FDI 当期不能通过提升我国制造业的规模效率改善其技术效率，但服务业 FDI 会通过管理、组织或先进技术等非物化资本对其相关的下游企业产生滞后的溢出效应，促进制造业的升级改造，使其逐步调整到合适的规模，实现规模经济，从而提高其全要素生产率（Markusen，2005）。

表 5-6　生产性服务贸易与制造业生产率关系实证结果

被解释变量	lnTFP	lnTC	lnEC	lnPE	lnSE
变量及常数	系数及常数	系数及常数	系数及常数	系数及常数	系数及常数
lnfdi①	0.1166 *** （3.31）	0.1597*** （3.79）	−0.0435 （−1.03）	0.0526** （1.96）	−0.0937** （−2.51）
lntrad	0.4003*** （6.63）	0.2503*** （3.47）	0.1503** （2.08）	−0.0588 （−1.25）	0.2097*** （3.28）
lnpr	0.2844 （1.37）	0.1906 （0.77）	0.0917 （0.37）	0.0118 （0.08）	0.1054 （0.48）

续表

被解释变量	lnTFP	lnTC	lnEC	lnPE	lnSE
lnpk	0.0341 （1.00）	−0.1684*** （−4.12）	0.2032*** （4.97）	0.0831*** （4.97）	0.1125*** （3.11）
cons	7.1576 （21.11）	7.2528 （17.88）	4.5045（11.09）	4.5103 （22.53）	4.6610 （12.97）
sigma_u	0.1373	0.2582	0.1698	0.0812	0.1497
R^2（between）	0.7734	0.7695	0.0193	0.3236	0.2206
F/ Waldchi2②	304.24 （0.0000）	98.82 （0.0000）	33.99 （0.0000）	79.68 （0.0000）	15.000 （0.0000）
H 检验的 *P* 值③	0.0005	0.0000	0.0011	0.9424	0.0003
采用的模型	fe	fe	fe	re	fe

注：①上面一行数字为变量回归的系数或得出的常数，***、** 和 * 分别代表在 1%、5% 和 10% 水平下显著。括号内数字为估计系数的“*t*”值或“*z*”值（ 固定效应模型对应的为 *t* 值，随机效应模型对应的为 *z* 值）。②固定效应模型（fe）估计提供 *F* 值与 Prob>*F* 值，随机效应模型（re）估计提供 Waldchi2 与 Prob>chi2 值。③该行为 Hausman 检验结果，原假设：FE 与 RE 的系数差异是非系统的，若 *P*>0.05 则接受原假设，选择随机效应模型，否则拒绝原假设，采用固定效应模型。后面章节中出现的类似表格的相关解释与说明均与此处的相同，如无特殊情况不再赘述。由于篇幅限制，本表未将所有效应的结果全部列出。

2. 生产性服务跨境交易的溢出效应与中国制造业的技术进步和技术效率呈显著的正相关关系且提升作用明显，说明生产性服务的跨境贸易能显著促进我国制造业当期的技术进步和改善技术效率，但对技术进步的促进作用更大（两者的系数分别为 0.2503 和 0.1503）。其中与纯技术效率的关系为负但不明显，其滞后一期（llntrad）的效应仍然为负，说明生产性服务的跨境贸易对制造业纯技术效率的改进作用不大；生产性服务的跨境贸易与规模效率的提升显著正相关且作用较大，说明跨境贸易主要是通过影响制造业的规模效率来提升其技术效率进而提升其全要素生产率的。原因是生产性服务跨境贸易规模的扩大可以促进制造业和服务业的进一步分工，使制造业企业能够改变“大而全”“小而全”的生产模式，调整其固定成本的构成，达到更合适的规模，实现规模经济效应，促进其全要素生产率的提升。通过以上分析，我们可以清楚地看到，跨境贸易和商业存在溢出效应除了能极大地促进制造业的技术进步，对提升中国制造业纯技术效率和改进规模效率方面也产生了一定的互补作用。所以，二者对提升我国制造业全要素生产率的作用不可偏倚，我国需要同时大力引进这两大类服务。

表 5-7　生产性服务贸易滞后一期与制造业效率关系实证结果

被解释变量	lnEC	lnSE	被解释变量	lnPE
变量及常数	系数及常数	系数及常数	变量及常数	系数及常数
llnfdi	0.3454*** （11.01）	0.2637*** （9.07）	lnfdi	0.5322*** （9.76）
lntrad	−0.4967*** （−7.18）	−0.3962*** （−6.11）	llntrad	−0.4451*** （−5.11）
lnpr	0.4914** （2.52）	0.4722*** （2.64）	lnpr	0.3362 （1.43）
lnpk	0.0002 （0.01）	−0.0647*** （−3.30）	lnpk	−0.1825*** （−4.53）
cons	5.5295 （20.19）	5.5350 （22.84）	cons	7.1853 （18.69）
sigma_u	0.1085	0.0833	sigma_u	0.2803
R^2	0.0204	0.2217	R^2	0.7682
F/Waldchi2	260.33 （0.0000	121.13 0.0000	F/Waldchi2	70.74 0.0000
H 检验的 P 值	0.3996	0.9942	H 检验的 P 值	0.0000
采用的模型	re	re	采用的模型	fe

第三节　生产性服务贸易前向溢出效应对制造业分行业 TFP 的影响

上面我们已经对生产性服务贸易整体溢出效应对中国制造业整体全要素生产率的提升作用进行了实证研究，发现两种类型的服务贸易均能极大地促进我国制造业 TFP 的提升，但是由于制造业行业众多，主要倚重的要素各不相同，行业特征存在较大的异质性，所以，生产性服务贸易对不同种类制造业生产率的溢出作用是否也有所不同，其共同之处有哪些，都是值得研究的问题，本节就将对这些问题进行进一步的探讨。

一、制造业分类标准及回归方程的设定

（一）制造业分类标准及方法

由于生产性服务是一种中间品，是制造业使用的要素之一，因此，由于制造业对要素投入的需求特征存在差异，生产性服务这种投入对不同制造业生产率的影响可能也因此会产生差异性，所以本书按照制造业要素密集度的不同对其进行分类。按照要素密集度对制造业分类的标准有两大类：一类是根据投入产出表中的增加值进行筛选；另一类是根据生产函数的特征进行划分。本书参考相关文献，采用第一种方法将制造业 30 个行业分成三类，它们分别是劳动密集型制造业、资本密集型制造业和技术密集型制造业，各类型制造业包括的行业详见表 5-8[①]。

表 5-8　制造业分类

类别及代码	对应的行业代码及名称
劳动密集型	13. 农副产品加工业；14. 食品制造业；15. 饮料制造业；16. 烟草制品业；17. 纺织业；18. 纺织服装、鞋、帽制造业；19. 皮革、毛皮、羽毛（绒）及其制品业；20. 木材加工及木、竹、藤、棕、草制品业；21. 家具制造业；22. 造纸和纸制品业；23. 印刷业和记录媒介的复制；24. 文教体育用品制造业；34. 金属制品业；42. 工艺品及其他制造业；43. 废弃资源和废旧材料回收加工业
资本密集型	25. 石油加工、炼焦和核燃料加工业；26. 化学原料和化学制品制造业；27. 医药制造业；28. 化学纤维制造业；29. 橡胶制品业；30. 塑料制品业；31. 非金属矿物制品业；32. 黑色金属冶炼及压延加工业；33. 有色金属冶炼及压延加工业
技术密集型	35. 通用设备制造业；36. 专用设备制造业；37. 交通运输设备制造业；39. 电气机械及器材制造业；40. 通信设备、计算机及其他电子设备制造业；41. 仪器仪表及文化、办公用机械制造业

① 邱爱莲，崔日明，逄红梅 . 生产性服务进口贸易前向溢出效应对中国制造业 TFP 的影响——基于制造业行业要素密集度差异的角度 [J]. 国际商务，2016（5）：41-51.

（二）回归方程的设定及说明

此处采用的基本解析表达式如下：

$$\text{lnTFP}_i = a_0 + a_1\text{lntrad}_t + a_2\text{lnfdi}_t + a_3\text{lnpr}_t + a_4\text{lnpk}_t + \varepsilon_{jt} \tag{5.15}$$

$$\text{lnTC}_i = a_0 + a_1\text{lntrad}_t + a_2\text{lnfdi}_t + a_3\text{lnpr}_t + a_4\text{lnpk}_t + \varepsilon_{jt} \tag{5.16}$$

$$\text{lnEC}_i = a_0 + a_1\text{lntrad}_t + a_2\text{lnfdi}_t + a_3\text{lnpr}_t + a_4\text{lnpk}_t + \varepsilon_{jt} \tag{5.17}$$

$$\text{lnPE}_i = a_0 + a_1\text{lntrad}_t + a_2\text{lnfdi}_t + a_3\text{lnpr}_t + a_4\text{lnpk}_t + \varepsilon_{jt} \tag{5.18}$$

$$\text{lnSE}_i = a_0 + a_1\text{lntrad}_t + a_2\text{lnfdi}_t + a_3\text{lnpr}_t + a_4\text{lnpk}_t + \varepsilon_{jt} \tag{5.19}$$

其中，i 代表不同要素密集度的制造业（i=1，2，3）；t 代表年份；a_0 表示影响全要素生产率的行业特征要素；a_i 为变量系数，分别代表各解释变量对不同类型制造业全要素生产率的影响强度；ε_{jt} 为误差项。TFP 及其各分解项的值按照 Malmquist 指数和生产率的关系推算得来（2001 年各项的值为 100）。其他变量含义、解释及处理方法与上节相同。

二、生产性服务贸易前向技术溢出对制造业分行业生产率的影响实证

（一）对劳动密集型制造业 TFP 的影响

表 5-9 为生产性服务贸易溢出效应对中国劳动密集型制造业生产率影响的实证的整理结果，从中我们可以看出：

表 5-9　生产性服务贸易与劳动密集型制造业生产率的关系

被解释变量	lnTFP1	lnTC1	lnEC1	lnPE1	lnSE1
变量及常数	系数及常数	系数及常数	系数及常数	系数及常数	系数及常数
lnfdi	0.1817*** （3.25）	0.1999*** （2.83）	0.0023 （0.04）	0.0338 （1.03）	−0.0663 （−1.19）
lntrad	0.2879*** （3.01）	0.1207 （1.00）	0.1721 （1.47）	−0.0768 （−1.33）	0.2401** （2.50）
lnpr	0.6801** （2.09）	0.2074 （0.50）	0.7097** （2.07）	0.0846 （0.48）	0.2202 （0.68）
lnpk	−0.0841* （−1.76）	−0.1780*** （−2.94）	0.0334 （1.20）	0.0247 （1.36）	0.1120** （2.34）

续表

被解释变量	lnTFP1	lnTC1	lnEC1	lnPE1	lnSE1
cons	7.7863 （15.6）	6.9913 （11.08）	5.9156 （13.92）	4.5486 （19.47）	5.0914 （10.19）
sigma_u	0.2315	0.2925	0.0779	0.0616	0.1352
R^2	0.8684	0.7794	0.0175	0.2811	0.1166
F/Waldchi2	94.05 0.0000	25.83 0.0000	42.03 0.0000	5.72 0.2213	15.46 0.0000
H 检验的 P 值	0.0000	0.0000	0.4926	0.1694	0.0310
效应模型	fe	fe	re	re	fe

1. 生产性服务贸易与劳动密集型制造业 TFP 在 1% 的水平上显著正相关且作用都很大（相关系数分别为 0.1817 和 0.2879），但跨境贸易的作用是商业存在的 1.6 倍。

2. 生产性服务的跨境贸易与劳动密集型制造业的技术进步和技术效率均呈正相关关系，但与技术效率关系并不显著；与劳动密集型制造业的纯技术效率为负，但相关系数很小且关系不显著，但能显著改进制造业的规模效率；生产性服务的跨境贸易的滞后一期回归结果显示其与劳动密集型制造业的纯技术效率仍然为负且不显著，但阻碍作用减小（见表 5-12）。

3. 商业存在与劳动密集型制造业的技术进步关系密切且作用很大（相关系数为 0.1999），与技术效率和纯技术效率也为正相关关系，但这种关系并不显著，与规模效率呈不显著的负相关关系，说明在当期，商业存在是通过提升劳动密集型制造业的技术进步来促进其全要素生产率的增长的。但商业存在滞后一期的效果非常显著（1% 以下显著），能极大地改进劳动密集型制造业的规模效率（见表 5-13）。

（二）对资本密集型制造业 TFP 的影响

表 5-10 为生产性服务贸易溢出效应对中国资本密集型制造业生产率影响的实证的整理结果，从中我们可以看出：

1. 生产性服务贸易与资本密集型制造业 TFP 显著正相关，但进口的提升作用是商业存在的 5 倍多（相关系数分别为 0.5106 和 0.1012）。两种生产性服务贸易都是通过显著提升资本密集型制造业的技术进步来提升其全要素生产率的，但进口对该类型制造业技术进步的作用比商业存在大得多，前者是后者的 3 倍多（相关系数分别为 0.4111 和 0.1235）。

2. 商业存在与资本密集型制造业呈负相关关系，但相关性不显著，与技术效率的分解项纯技术效率呈正相关关系，与规模效率呈负相关关系，但都没有通过显著性检验。商业存在滞后一期对资本密集型制造业技术效率和规模效率作用全部为正且作用很大，相关系数分别为 0.2711 和 0.1902（见表 5–13），说明商业存在对改善资本密集型制造业技术效率方面具有滞后性。

3. 跨境贸易对资本密集型制造业的技术效率作用为正，与纯技术效率关系为负，但相关性都不显著，与规模效率呈显著的正相关关系。跨境贸易滞后一期对资本密集型制造业的技术效率作用显著为正，作用较大（系数为 0.1594）（见表 5–12）。

表 5–10 生产性服务贸易与资本密集型制造业生产率的关系

被解释变量	lnTFP2	lnTC2	lnEC2	lnPE2	lnSE2
变量及常数	系数	系数	系数	系数	系数
lnfdi	0.1012** （2.48）	0.1235** （2.06）	−0.0380 （−0.61）	0.0437 （0.97）	−0.0563 （−1.02）
lntrad	0.5106*** （7.12）	0.4111*** （4.01）	0.0896 （0.84）	−0.1084 （−1.41）	0.2158** （2.20）
lnpr	0.0856 （0.39）	0.3291 （0.91）	−0.4196 （−1.13）	−0.7479*** （−2.77）	0.6214** （2.15）
lnpk	0.1797*** （5.79）	−0.1482** （−2.10）	0.3831*** （5.26）	0.3815*** （7.22）	−0.0898*** （−2.96）
cons	6.8356 （19.75）	7.8185 （11.40）	3.1421 （4.43）	2.5493 （4.96）	5.9960 （15.14）
sigma_u	0.0634	0.1985	0.2679	0.2106	0.0493
R^2	0.6560	0.8168	0.0296	0.1579	0.6136
F/Waldchi2	1488.07 0.0000	75.24 0.0000	30.27 0.0000	43.00 0.0000	16.01 0.0030
H 检验的 P 值	0.3728	0.0005	0.0005	0.0056	0.3288
效应模型	re	fe	fe	fe	re

表 5-11 生产性服务贸易与技术密集型制造业生产率关系

被解释变量	lnTFP3	lnTC3	lnEC3	lnPE3	lnSE3
变量及常数	系数	系数	系数	系数	系数
lnfdi	−0.0326 (−0.69)	0.1137* (1.76)	−0.1350* (1.26)	0.0040 (0.07)	−0.1528* (−1.85)
lntrad	0.4907*** (6.15)	0.3291*** (3.00)	0.1637 (1.26)	−0.0224 (−0.24)	0.1840 (1.31)
lnpr	−0.5402* (−1.91)	−0.0542 (−0.14)	−0.3439 (−0.76)	−0.3071 (−0.95)	−0.2087 (−0.42)
lnpk	0.2136*** (4.000)	−0.1708** (−2.26)	0.3411*** (4.03)	0.2117*** (3.61)	0.1805* (1.87)
cons	5.3193 (11.24)	7.0155 (10.61)	3.2351 (4.30)	3.7252 (7.07)	3.7234 (4.41)
sigma_u	0.1219	0.0886	0.1401	0.0769	0.1495
R^2	0.0014	0.8453	0.0893	0.2945	0.5845
F/Waldchi	533.57 0.0000	46.12 0.0000	28.70 0.0000	28.94 0.0000	1.46 0.2226
H 检验的 P 值	0.6735	0.0002	0.1415	0.9879	0.0171
效应模型	re	fe	re	fe	fe

表 5-12 trad 滞后一期回归结果

被解释变量	lnPE1	lnPE2	lnPE3
变量及常数	系数	系数	系数
lnfdi	−0.0359 (−0.77)	−0.0839 (−1.45)	−0.0257 (−0.34)
L.lntrad	0.0609 (0.81)	0.1594* (1.73)	0.0413 (0.34)
lnpr	0.1002 (0.56)	−0.7814*** (−3.04)	−0.3292 (−0.99)
lnpk	0.0210 (1.08)	0.3686*** (7.06)	0.2099*** (3.38)
cons	4.6443 (19.85)	2.7374 (5.61)	3.7532 (6.95)
sigma_u	0.0669	0.2043	0.0818
R^2	0.2836	0.1688	0.3217
F/Waldchi2	4.39 0.3555	16.25 0.0000	26.35 0.0000
H 检验的 P 值	0.0850	0.0165	0.9995
效应模型	re	fe	re

表 5-13　fdi 滞后一期回归结果

被解释变量	lnSE1	lnEC2	lnTFP3	lnSE2	lnEC3	lnSE3
变量及常数	系数	系数	系数	系数	系数	系数
L.lnfdi	0.3496*** （8.69）	0.2711*** （5.33）	−0.0869** （−2.07）	0.1902*** （4.26）	0.1877*** （2.66）	0.2177*** （2.86）
lntrad	−0.4757*** （−5.31）	−0.2815*** （−2.62）	0.5680*** （6.90）	−0.2749*** （−2.76）	−0.3745*** （−2.68）	−0.4060*** （−2.61）
lnpr	0.5085** （2.05）	0.3941 （1.22）	−0.5871** （−2.08）	0.6051** （2.21）	0.1240 （0.26）	0.6522 （1.30）
lnpk	−0.0535** （−2.08）	0.0495 （0.90）	0.2529*** （4.21）	−0.1362*** （−4.15）	0.1331 （1.34）	−0.1409 （−1.44）
cons	5.7735 （17.55）	5.5912 （10.11）	5.1148 （10.42）	5.9133 （15.02）	4.2940 （5.28）	5.5797 （6.76）
sigma_u	0.0795	0.1193	0.1320	0.0545	0.1541	0.0873
R^2	0.1235	0.0253	0.0066	0.6186	0.0653	0.5356
F/Waldchi2	138.08 0.0000	127.75 0.0000	327.30 0.0000	30.11 0.0000	28.46 0.0000	8.87 0.0645
H 检验的 P 值	0.7436	0.2541	0.6659	0.6619	0.5737	0.2844
效应模型	re	re	re	re	re	re

（三）对技术密集型制造业 TFP 的影响

表 5-11 为生产性服务贸易溢出效应对中国技术密集型制造业生产率影响的实证的整理结果，从中我们可以看出：

1. 两种类型的生产性服务贸易都能显著地促进中国技术密集型制造业的技术进步，但跨境贸易的促进作用比商业存在大得多。

2. 商业存在与技术密集型制造业 TFP 呈不显著的负相关关系，与该类型制造业的技术进步呈显著的正相关关系且提升作用较大（系数为 0.1137），与技术效率的分解项纯技术效率是正相关关系但不显著，与规模效率呈显著的负相关关系且作用较大，受累于此，商业存在与技术密集型制造业的技术效率呈较为显著的负相关关系。商业存在滞后一期与技术密集型制造业 TFP 呈显著的负相关关系，但作用较小（为 −0.0869）；商业存在滞后一期能显著提升该类型制造业的规模效率和技术效率，说明资本密集型制造业更依赖机器设备等资本的投入，而不是依赖人力资本等要素，导致通过外资企业与内资企业人员流动带来的知识溢出效应较小。

3. 跨境贸易对技术密集型制造业全要素生产率的提升显著（1% 以下显著）且作用较大（系数为 0.4907），这主要是由于跨境贸易对该类型制造业的技术进步作用显著且较大带来的，因为其对技术效率的作用虽然为正，但没有相关性。跨境贸易与技术密集型制造业的纯技术效率关系为负，与规模经济关系为正，但与这两种效率的关系都不显著。其对纯技术效率的滞后效应为正但相关关系仍然不显著。

（四）小结

1. 生产性服务的进口贸易无论是对我国制造业的整体还是对其各细分行业全要素生产率当期的提升作用都远大于商业存在。虽然生产性服务商业存在当期的作用比跨境贸易小得多，但其促进作用也不可忽视。恰恰相反，由于 FDI 的溢出效应一般具有一定的时滞，所以扩大服务业利用外商直接投资的规模，对提升我国制造业生产率具有更长远的意义。

2. 生产性服务跨境贸易主要是通过促进技术进步来提升制造业的整体和分行业全要素生产率的。与整体和所有分行业当期的纯技术效率全部为负，但没有显著的相关性，其滞后一期的系数基本都为正值；与整体和所有分行业的规模效率几乎全部为显著的正相关关系且作用都较大。

3. 商业存在无论是对制造业整体还是对各分行业，也都是通过促进技术进步来提升制造业的全要素生产率的；与整体及三个细分行业当期的技术效率的关系几乎全部为负数，但只和整体的负相关关系显著，其滞后一期与各技术效率的关系都在 1% 水平下显著正相关而且作用都比较大，说明商业存在对提升制造业的技术效率存在极大的滞后效应。

4. 商业存在与劳动密集型和资本密集型制造业 TFP 关系显著且较大，由于商业存在对劳动密集型制造业技术进步的提升作用大于对资本密集型的，因此，商业存在对劳动密集型制造业全要素生产率的提升作用比对后者的更大。但与技术密集型制造业 TFP 关系不显著且作用很小。跨境贸易对资本密集型和技术密集型的制造业 TFP 提升的作用非常巨大，这充分契合了生产性服务是资本密集型和技术密集型产品的特征。虽然跨境贸易对劳动密集型制造业 TFP 的提升作用不如另外两个行业，但提升作用依然是非常显著和极为可观的，说明生产性服务凝结的人力资本对大量使用劳动的劳动密集型产业产生了强有力的溢出效果。

第四节　生产性服务分行业贸易溢出效应对制造业 TFP 影响的实证

通过上一节的实证研究，我们已经知道了生产性服务贸易对我国制造业各细分行业的全要素生产率及其各分解项的关系大多是呈显著的正相关关系，促进了制造业各行业的技术进步和技术效率的改善，但由于行业之间对要素需求的异质性，导致了生产性服务贸易对各分行业 TFP 及其分解项具体效用的细微差别。各类生产性服务自身也各有其特点，它们各自对我国制造业的技术溢出效应是否也各有其特点？本节就将对这个问题展开研究。

一、数据处理及方程设定

（一）服务业行业分类合并处理

要研究生产性服务分行业贸易溢出效应对制造业 TFP 的影响，首先要对两种形式的生产性服务贸易进行分类合并，因为 BOP 对服务贸易的行业分类同《中国统计年鉴》对服务业的分类存在较大差异。本书借鉴崔日明、张志明（2013）和其他学者的观点将两种不同分类进行了统一，具体做法为：（1）将前者的运输对应于后者的交通运输、仓储和邮政业，统称为运输服务；（2）将前者的通讯服务与计算机和信息服务合并，与后者的信息传输、计算机服务和软件业相对应，统称为信息服务；（3）将前者的保险服务和金融服务合并与后者的金融业相对应，统称为金融服务；（4）将前者的建筑服务、专有权利使用费、特许费以及咨询三者合并与后者的科学研究、技术服务和地质勘查业相对应，统称为科技服务；（5）将前者的广告、宣传和其他商业服务合并，将后者的租赁和商务服务业以及批发零售业合并，两者相对应，统称为其他商务服务。具体合并方法详见表 5–14。

表 5–14　服务业分类合并方法

合并后分类	对应 BOP 中 TRAD 分类	对应《中国统计年鉴》FDI 分类
（1）运输服务	运输	交通运输、仓储和邮政业
（2）信息服务	通信服务	信息传输、计算机服务和软件业
	计算机和信息服务	
（3）金融服务	保险服务	金融业
	金融服务	
（4）科技服务	建筑服务	科学研究、技术服务和地质勘查业
	专有权利使用费和特许费	
	咨询	
（5）其他商务服务	广告、宣传	批发和零售业
	其他商业服务	租赁和商务服务业

（二）回归模型的构建

根据制造业和生产性服务业的关系，借鉴多位学者的方法，将基本方程设定为：

$$\ln\mathrm{TFP}_{jt} = c_0 + \alpha_1\ln\mathrm{fdi}_{it} + \alpha_2\ln\mathrm{trad}_{it} + \alpha_3\ln\mathrm{pr}_t + \alpha_4\ln\mathrm{pk}_{jt} + \varepsilon_t \quad (5.20)$$

其中，i 代表各类生产性服务业（i=1，⋯，5），j 为制造业各分行业，t 为年份。TFP_{jt} 为制造业各年各行业全要素生产率（TFP）及其分解项——技术进步（TC）、技术效率（TE）、纯技术效率（PE）和规模效率（SE）。其他指标和数据的处理及说明与之前的相同。

二、生产性服务分行业贸易对制造业生产率影响实证

（一）运输服务贸易溢出效应对制造业生产率的影响

表 5–15 为生产性服务贸易溢出效应对中国制造业生产率影响的实证的整理结果，从中我们可以看出：

1. 运输服务商业存在对制造业当期的纯技术效率呈不显著的负相关关系，但其对规模效率有显著且较大的改进作用，因此显著地提升了制造业技术效率（系数为 0.1107）。但是受累于和制造业技术进步的关系为显著且较大的负相关

关系（系数为 -0.1792），使其当期对制造业的 TFP 产生了微弱的阻碍作用，但这种关系并不显著。运输服务业商业存在滞后一期对制造业纯技术效率和全要素生产率的作用变为正，但这种关系并不显著且提升作用非常有限；和技术进步仍然为显著的负相关关系，说明运输服务业商业存在后期可以通过改进制造业纯技术效率来提升其技术效率，进而提升其全要素生产率，但是由于对技术进步的阻碍作用，导致运输服务商业存在后期对制造业 TFP 提升作用仍然有限（见表 5-16）。蒙英华、黄宁（2010）认为服务业与制造业相比，是一种较为复杂的产品，服务会与投资国的资源禀赋以及人力资本紧密结合，所以较难进行国际转移。因此，服务的进口国并不一定能从中学习、模仿到出口国的经验与技术，反而会对出口国形成技术依赖，不利于进口国制造业 TFP 的提升（Burgess，1990），我国的运输服务业可能恰恰就是这样一种服务业。

表 5-15　运输服务贸易对制造业生产率的影响

被解释变量	lnTFP	lnTC	lnEC	lnPE	lnSE
变量及常数	系数	系数	系数	系数	系数
lnfdi1	-0.0686 （-1.50）	-0.1792*** （-3.51）	0.1107** （2.07）	-0.0533 （-1.53）	0.1608*** （3.42）
lntrad1	0.6002*** （17.37）	0.6049*** （15.69）	-0.0051 （-0.13）	0.0436** （1.97）	-0.0373 （-1.05）
lnpr	-0.0486 （-0.23）	-0.0364 （-0.16）	-0.0143 （-0.06）	-0.0103 （-0.07）	0.0494 （0.23）
lnpk	0.0532 （1.54）	-0.1847*** （-4.80）	0.2385*** （5.93）	0.0891*** （5.36）	0.1333*** （3.76）
Cons	6.7686 （15.56）	6.5589 （10.23）	4.8101 （9.48）	4.1766 （14.23）	5.3602 （11.99）
Sigma_u	0.1258	0.2698	0.1910	0.0812	0.1628
R^2	0.7734	0.7695	0.0193	0.3236	0.2206
F/Waldchi2	282.43 0.0000	114.93 0.0000	33.45 0.0000	77.13 0.0000	15.39 0.0000
H 检验的 P 值	0.0030	0.0000	0.0001	0.7379	0.0000
模型选择	fe	fe	fe	re	re

表 5-16 运输服务滞后效应实证结果

被解释变量	lnTFP	lnTC	lnPE	被解释变量	lnEC	lnSE
变量及常数	系数	系数	系数	变量及常数	系数	系数
L.lnfdi1	0.0152 (0.35)	-0.3209*** (-6.93)	0.0415 (1.24)	Lnfdi1	-0.1241* (-1.92)	0.0809 (1.30)
lntrad1	0.6007*** (15.39)	0.6951*** (16.42)	0.0353 (1.31)	L.Lntrad1	0.2366*** (5.99)	0.0392 (0.85)
lnpr	0.0502 (0.23)	-0.4106* (-1.75)	0.0356 (0.23)	Lnpr	0.2082 (0.91)	0.1211 (0.55)
lnpk	0.0343 (0.98)	-0.1826*** (-4.84)	0.0869*** (4.94)	Lnpk	0.0472* (1.92)	0.0831* (1.95)
Cons	7.5127 (15.83)	5.5153 (10.72)	4.8631 (15.44)	Cons	4.8857 (10.12)	5.3172 (11.68)
Sigma_u	0.1502	0.2804	0.0880	Sigma_u	0.1068	0.1394
R^2	0.7768	0.7682	0.3295	R^2	0.0204	0.2217
F/Waldchi2	186.11 0.0000	83.17 0.0000	77.50 0.0000	F/Waldchi2	124.05 0.0000	12.06 0.0000
H 检验的 P 值	0.0002	0.0000	0.9952	H 检验的 P 值	0.2309	0.0108
模型选择	fe	fe	re	模型选择	re	fe

2. 运输服务跨境贸易对制造业当期的纯技术效率呈显著的正相关关系，但其对规模效率有微弱且不显著的阻碍作用，因此对制造业的技术效率产生了微弱（系数为 -0.0051）且不显著的阻碍作用。但是受累于和制造业技术进步的关系为显著且较大的负相关关系（系数为 -0.1792），使其当期对制造业的 TFP 产生了微弱的阻碍作用，但这种关系并不显著。虽然运输服务跨境贸易当前未能通过提升制造业的技术效率来提升其 TFP，但是受益于对技术进步显著且强有力的拉升作用（系数达到了 0.6049）而显著地提升了制造业的全要素生产率，在所有行业中，运输服务进口对制造业 TFP 提升作用最大，达到了 0.6002。

（二）信息服务业贸易溢出效应对制造业生产率的影响

表 5-17 为信息服务贸易溢出效应对中国制造业生产率影响的实证的整理结果，从中我们可以看出：

1. 信息服务业商业存在与制造业的纯技术效率呈显著的正相关关系，但与制造业的规模效率呈微弱的、不显著的负相关关系，因此未能显著提升制造业的技术效率；与制造业技术进步呈非常显著的正相关关系且作用较大（系数为 0.2986），所以仍然极大地拉动了制造业全要素生产率的提升（系数为 0.3207）。信息服务业商业存在滞后一期与制造业规模效率关系为正，但仍然不显著。

表 5-17　信息服务贸易对制造业生产率的影响

被解释变量	lnTFP	lnTC	lnEC	lnPE	lnSE
变量及常数	系数	系数	系数	系数	系数
lnfdi2	0.3207*** （5.97）	0.2986*** （5.53）	0.0218 （0.39）	0.0810** （2.27）	−0.0733 （−1.47）
lntrad2	0.0586 （0.91）	−0.5753*** （−8.84）	0.6343*** （9.37）	0.0421 （0.93）	0.5931*** （9.88）
lnpr	0.5861** （2.20）	1.3136*** （4.90）	−0.7301*** （−2.62）	0.1343 （0.82）	−0.9783*** （−3.96）
lnpk	0.1153*** （3.11）	−0.0834** （−2.24）	0.1991*** （5.14）	0.0789*** （4.24）	0.1427*** （4.15）
Cons	8.1104 （14.35）	5.0465 （8.89）	7.6649 （12.97）	5.4152 （16.60）	6.5786 （12.55）
Sigma_u	0.1266	0.2299	0.1799	0.1039	0.1896
R^2	0.7790	0.7521	0.0268	0.3466	0.2288
F/Waldchi2	49.20 0.000	20.99 0.0000	76.74 0.0000	78.06 0.0000	53.88 0.0000
H 检验的 P 值	0.0292	0.0000	0.0044	0.4526	0.0000
模型选择	fe	fe	fe	re	fe

2. 信息服务跨境贸易与制造业的技术进步呈显著的负相关关系，但受益于技术效率的呈显著且巨大的正相关关系（系数达到了 0.6343），使信息服务跨境贸易对制造业 TFP 的提升产生了一定的作用，但非常小且不显著；对技术效率的提升主要是依赖对制造业规模效率的显著改进。

3. 信息服务商业存在滞后一期与制造业的规模效率呈正相关关系，但并不显著；跨境贸易滞后一期对制造业技术进步的作用仍然为负，但阻碍作用大大减弱（从 −0.5753 变为 −0.1733）（见表 5-18）。

表 5-18 信息服务滞后效应实证结果

被解释变量	lnSE	被解释变量	lnTC
变量及常数	系数	变量及常数	系数
L.lnfdi2	0.0471 （1.39）	lnfdi2	0.1055* （1.67）
lntrad2	0.2981*** （5.42）	L.lntrad2	-0.1733** （-2.43）
lnpr	-0.2963 （-1.58）	lnpr	0.3508 （1.25）
lnpk	0.0669** （2.15）	lnpk	-0.0409 （-0.92）
Cons	6.4764 （17.15）	Cons	5.1209 （7.57）
Sigma_u	0.1668	Sigma_u	0.2012
R^2	0.2938	R^2	0.7521
F/Waldchi2	18.98 0.0000	F/Waldchi2	2.61 0.0000
H 检验的 P 值	0.0007	H 检验的 P 值	0.0000
模型选择	fe	模型选择	fe

（三）金融服务贸易溢出效应对制造业生产率的影响

表 5-19 为金融服务贸易溢出效应对中国制造业生产率影响的实证的整理结果，从中我们可以看出：

1. 金融服务业与制造业 TFP 呈显著的正相关关系，与 TFP 各分解项虽然关系并不显著，但都是正相关关系。说明金融服务业的引进对我国制造业生产率会产生积极的正面影响。

2. 金融服务的跨境贸易与制造业 TFP 及其分解项的关系全部为正，但和技术效率及其分解项的关系不显著，说明金融服务的跨境贸易是通过显著且极大地提升制造业的技术进步（系数为 0.4123）来提升其全要素生产率的。

3. 虽然金融服务的两种贸易都能显著提升我国制造业的 TFP，但跨境贸易的作用比商业存在大得多，前者是后者的 8.23 倍（见表 5-19）。

表 5–19 金融服务业贸易对制造业生产率的影响

被解释变量	lnTFP	lnTC	lnEC	lnPE	lnSE
变量及常数	系数	系数	系数	系数	系数
lnfdi3	0.0507*** （2.76）	0.0269 （1.29）	0.0236 （1.13）	0.0038 （0.28）	0.0235 （1.26）
lntrad3	0.4175*** （10.57）	0.4123*** （9.17）	0.0052 （0.11）	0.0097 （0.34）	0.0016 （0.04）
lnpr	−0.4097* （−1.84）	−0.2478 （−0.98）	−0.1630 （−0.64）	−0.0010 （−0.01）	−0.1042 （−0.46）
lnpk	0.0708** （1.99）	−0.1384*** （−3.41）	0.2099*** （5.15）	0.0934*** （5.59）	0.0933*** （2.58）
Cons	7.0954 （18.91）	7.4920 （17.54）	4.2038 （9.80）	4.4604 （19.80）	4.5352 （11.89）
Sigma_u	0.1158	0.2370	0.1737	0.0812	0.1380
R^2	0.7734	0.7695	0.0193	0.3236	0.2206
F/Waldchi2	265.25 0.0000	97.72 0.0000	32.57 0.0000	73.74 0.0000	12.81 0.0000
H 检验的 P 值	0.0144	0.0000	0.0006	0.5428	0.0016
模型选择	fe	fe	fe	re	fe

（四）科技服务贸易溢出效应对制造业生产率的影响

表 5–20 为科技服务贸易溢出效应对中国制造业生产率影响的实证的整理结果，从中我们可以看出：

1. 科技服务商业存在能显著提升制造业的纯技术效率和规模效率且作用较大，对规模效率的改进作用几乎是纯技术效率的 2 倍，两者共同促进了制造业技术效率的显著提升且效果显著（系数为 0.2331）；科技服务商业存在与制造业技术进步呈显著的负相关关系但作用较小（–0.0947），因此仍然极大且显著地提升了制造业 TFP（相关系数为 0.1517）。科技服务商业存在滞后一期（L.lnfdi4）与制造业技术进步关系显著，且作用较大（见表 5–21）。

2. 科技服务跨境贸易和制造业纯技术效率和规模效率均为显著的负相关关系，因此，对制造业技术效率起到了很大且显著的阻碍作用（系数为 –0.1790），但与制造业的技术进步关系非常显著且其提升作用很大（系数达到了 0.4696)，在其强劲的拉动下，科技服务跨境贸易对制造业 TFP 的提升作用也是非常可观的（系数为 0.2887）。科技服务贸易跨境贸易滞后一期对制造业纯技术效率、规模效率和技术效率的作用仍然都显著为负（见表 5-21）。

表 5-20　科技服务贸易对制造业生产率的影响

被解释变量	lnTFP	lnTC	lnEC	lnPE	lnSE
变量及常数	系数	系数	系数	系数	系数
lnfdi4	0.1517*** (5.42)	−0.0947*** (−2.61)	0.2331*** (8.35)	0.0901*** (4.56)	0.1448*** (5.59)
lntrad4	0.2887*** (7.35)	0.4696*** (9.21)	−0.1790*** (−4.12)	−0.0974*** (−3.20)	−0.0822** (−2.02)
lnpr	0.3915* (1.90)	0.1129 (0.42)	0.1744 (0.86)	−0.0810 (−0.56)	0.2651 (1.41)
lnpk	−0.0596 (−1.55)	−0.0299 (−0.60)	0.0061 (0.27)	0.0597*** (3.42)	−0.0575*** (−3.11)
Cons	8.1756 (22.00)	6.5968 (13.68)	5.8831 (21.15)	4.6407 (22.68)	5.8791 (23.91)
Sigma_u	0.1984	0.1624	0.0993	0.0814	0.0761
R^2	0.7734	0.7695	0.0193	0.3236	0.2206
F/Waldchi2	316.05 0.0000	75.33 0.0000	263.33 0.0000	100.97 0.0000	98.16 0.0000
H 检验的 P 值	0.0000	0.0010	0.6260	0.3242	0.9914
模型选择	fe	fe	re	re	re

表 5-21　科技服务贸易滞后效应实证结果

被解释变量	lnTC	被解释变量	lnEC	lnPE	lnSE
变量及常数	系数	变量及常数	系数	系数	系数
L.lnfdi4	0.1286*** (3.31)	lnfdi4	0.2798*** (9.15)	0.1147*** (4.89)	0.1929*** (6.73)
lntrad4	0.1715** (2.39)	L.lntrad4	−0.1907*** (−4.67)	−0.0625** (−2.22)	−0.1332*** (−3.43)
lnpr	−0.2394 (−0.79)	lnpr	0.2205 (1.11)	0.1315 (0.84)	0.2862 (1.54)
lnpk	−0.1967*** (−3.78)	lnpk	−0.0044 (−0.18)	−0.0111 (−0.36)	−0.0625*** (−3.14)

续表

被解释变量	lnTC	被解释变量	lnEC	lnPE	lnSE
Cons	7.0785 （14.30）	Cons	6.2501 （22.44）	5.4018 （18.41）	6.0409 （24.63）
Sigma_u	0.2904	Sigma_u	0.1082	0.1147	0.0828
R^2	0.7682	R	0.0204	0.3295	0.2217
F/Waldchi2	36.23 0.0000	F/Waldchi2	232.61 0.0000	24.20 0.0000	90.80 0.0000
H 检验的 P 值	0.0000	H 检验的 P 值	0.2350	0.0465	0.9953
模型选择	fe	模型选择	re	re	re

（五）其他商务服务贸易溢出效应对制造业生产率的影响

表 5-22 为其他商务服务贸易溢出效应对中国制造业生产率影响的实证的整理结果，从中我们可以看出：

表 5-22　其他商务服务贸易对制造业生产率的影响

被解释变量	lnTFP	lnTC	lnEC	lnPE	lnSE
变量及常数	系数	系数	系数	系数	系数
lnfdi5	0.1982*** （12.14）	0.2396*** （10.31）	-0.0184 （-0.81）	0.0234* （1.88）	-0.0403** （-2.00）
lntrad5	0.1070*** （2.58）	-0.0199 （-0.42）	0.1090** （2.34）	-0.0168 （-0.56）	0.1247*** （3.02）
lnpr	-0.1507 （-0.68）	-0.1422 （-0.54）	0.1487 （0.58）	0.0040 （0.02）	0.1546 （0.67）
lnpk	0.1741*** （10.4）	-0.1382*** （-3.27）	0.2524*** （6.10）	0.0809*** （4.81）	0.1675*** （4.56）
Cons	6.1281 （18.14）	6.4868 （14.68）	4.6180 （10.69）	4.4695 （17.80）	4.7782 （12.46）
Sigma_u	0.0688	0.2369	0.1997	0.0812	0.1849
R^2	0.7734	0.7695	0.0193	0.3236	0.2206
F/Waldchi2	1.37.30 0.0000	89.85 0.0000	33.85 0.0000	78.45 0.0000	14.34 0.0000
H 检验的 P 值	0.1983	0.0000	0.0000	0.9846	0.0000
模型选择	re	fe	fe	re	fe

1. 其他商务服务商业存在与制造业纯技术效率显著正相关，但与规模效率显著负相关，所以阻碍了制造业技术效率的提升，但这种阻碍关系并不显著；对技术进步提升作用显著且较大，因此其他商务服务商业存在最终还是对制造业的 TFP 产生了极大的促进作用（系数 0.1982，在 1% 水平下显著）。其滞后一期（Lnfdi5）对规模效率的改进效果显著，对技术效率的提升也是显著且较大的，说明其溢出效应具有滞后性（见表 5-23）。

2. 与商业存在不同，其他商务服务贸易跨境贸易是通过显著提升制造业的技术效率来提升其 TFP 的，因为与技术进步的关系为负，虽然这种关系并不显著；其对制造业技术效率的提升，又几乎全部是源于对规模效率的提升，因此与纯技术效率为不显著的负相关关系。其滞后一期对技术进步仍然是阻碍作用，且非常显著，但和纯技术效率变成了显著的正相关关系（见表 5-23）。

表 5-23　其他商务服务贸易滞后效应实证结果

被解释变量	lnEC	lnSE	被解释变量	lnTC	lnPE
变量及常数	系数	系数	变量及常数	系数	系数
L.lnfdi5	0.1447*** （9.40）	0.1032*** （7.48）	lnfdi5	0.2986*** （13.85）	−0.0019 （−0.14）
lntrad5	−0.0945** （−2.51）	−0.0647* （−1.86）	L.lntrad5	−0.2312*** （−5.17）	0.0736** （2.37）
lnpr	0.3929* （1.76）	0.4162** （2.04）	lnpr	−0.2227 （−0.86）	0.1761 （1.09）
lnpk	0.0023 （0.09）	−0.0636*** （−3.19）	lnpk	−0.1924*** （−4.95）	0.0839*** （4.79）
Cons	5.5143 （15.88）	5.5918 （17.87）	Cons	5.8465 （13.09）	4.9418 （19.03）
Sigma_u	0.1078	0.0827	Sigma_u	0.2874	0.0880
R^2	0.0204	0.2217	R^2	0.7682	0.3295
F/Waldchi2	194.90 0.0000	82.53 0.0000	F/Waldchi2	73.84 0.0000	84.17 0.0000
H 检验的 P 值	0.4248	1.0000	H 检验的 P 值	0.0000	0.9947
模型选择	re	fe	模型选择	fe	re

（六）本节小结

从总体共性效果来看，主要体现了以下两个特点：

1. 除了运输服务业，其他 4 类生产性服务业的商业存在对中国制造业 TFP 全部呈显著的推动作用，其中作用最大的分别是信息服务和其他商务服务。

2. 除了信息服务，生产性服务各行业的跨境贸易对中国制造业 TFP 全部呈显著的推动作用，排在前三位的分别是运输、金融和科技服务。除了信息服务和其他商务服务业跨境贸易的作用小于商业存在以外，其他分行业跨境贸易的作用均远远大于各自的商业存在。这个结论与蒙英华、黄宁（2010）的结论相似，他们证实了中国从美国的服务进口（BOP）比美国在中国的 FATS 对制造业效率的促进效应更为明显。樊秀峰、韩亚峰（2012）的研究也表明开展生产性服务贸易能有效地促进制造业全员劳动生产率的增长，但他们认为商业存在比跨境服务贸易更能促进制造业生产率的提升。本书的结论之所以与之大相径庭，原因之一可能由于本书选取的代表商业存在的指标（用 FDI 与 GDP 的比重来表示）与他们的（用生产性服务业生产的人力资本数量来表示）不同造成的；原因之二是对成因的看法不同，他们认为这是由于商业存在形式的服务贸易更易于与东道国生产要素相结合造成的，而本书经研究认为这是由 FDI 效果滞后造成的，作者在一篇文章里也证实了生产性服务业 FDI 溢出效应具有明显的滞后性。

第五节　本章小结

生产性服务进口贸易整体及其分行业对中国制造业整体及其绝大部分分行业的 TFP 均产生了显著的、正的前向溢出效应，但作用方式稍有差别。

1. 从生产性服务贸易整体对制造业整体 TFP 的影响来看，跨境贸易促进作用比商业存在大得多；两种生产性服务进口贸易提升我国制造业全要素生产率的方式有所不同，但在提升中国制造业纯技术效率和改进规模效率方面具有一定的互补性；两者的溢出效应在有些方面存在滞后性。

2. 从生产性服务进口贸易整体对制造业分行业 TFP 的影响来看，跨境贸易无论是对我国制造业整体还是对各分行业的 TFP 当期的提升作用也都远大于商业存在；跨境贸易和商业存在主要是通过促进技术进步来发挥作用的；两者对提升制造业的技术效率方面存在极大的滞后效应。由于存在要素密集度的差异，两者对制造业三个分行业全要素生产率的影响程度各有偏重。

3. 从生产性服务分行业贸易对制造业整体 TFP 的影响来看，商业存在对中国制造业 TFP 几乎全部呈显著的推动作用，绝大部分分行业跨境贸易的作用也都远大于各自的商业存在。

第六章　影响生产性服务贸易对制造业 TFP 前向溢出效应的因素分析

虽然大多数学者都认为国际贸易对进口国存在正的技术溢出效应，但学者们也认为贸易对进口国的技术溢出不是自然发生的，而是有条件的，即只有满足一定的条件，才会发生国际间的技术溢出。国内外很多学者通过实证研究也发现，只有在发达国家以及部分发展较好的发展中国家，国际贸易和外商直接投资才能发生较为显著的、正的技术溢出效应，这些国家和地区往往经济发展程度较高、基础设施完善、人力资源丰富、市场化程度也较为发达（Balasubrananyam，1998）①。

本书前面的章节已经从机理和实证两个方面就生产性服务贸易溢出效应对中国制造业全要素生产率的影响进行了较为全面细致的研究。虽然通过研究发现生产性服务的进口贸易（跨境贸易和商业存在）均能显著地提升中国制造业全要素生产率，但是未能揭示影响生产性服务贸易溢出效应的因素，本章接下来的工作就是要对这个问题进行探讨，为后面的对策建议提供一个较为准确的切入点。

第一节　生产性服务贸易溢出效应影响因素及其影响机理

从现有的文献来看，学术界认为能影响到国际贸易和 FDI 技术溢出效应发挥的因素有很多，但总的来说主要包括一国的经济发展水平、拥有的人力资本水平、研发投入的水平、对外开放的程度、市场制度的完善程度等。近年来，

① Balasubramanyan V N. The MAI and Foreign Direct Investment in Developing Countries[J]. Discussion Paper of Lancaster University，1998，EC10 /98.

许多学者又从金融市场效率、知识产权保护度、政府政策以及制度等方面展开了广泛的研究（Olofsdotter，1998；葛小寒和陈凌，2009）。综上所述，一个国家或地区引进的生产性服务能否产生溢出效应可能是需要满足一定条件的，溢出效应的大小也是受一定条件的影响。通过前面的研究，我们已经知道了我国的生产性服务进口贸易已经对我国的制造业全要素生产率产生了较强的溢出效应，所以，接下来本章的任务就是研究下面的哪些条件会对我国生产性服务贸易溢出效应产生影响及其影响的力度有多大。

一、经济发展水平

经济发展水平是对一个国家或地区的经济发达程度进行考量的重要指标，是考量进口贸易和FDI能否产生正向溢出效应的关键因素，因为它与一个国家或地区的引资能力、创新能力以及消化吸收能力密切相关。何洁（2000）的研究发现，一个地区的经济发展水平是决定FDI在工业部门能否产生溢出效应的主要门槛，而且还发现，单纯地提升经济开放度并不能提高FDI的溢出效应。李小平、朱钟棣（2004）的研究也支持进口的技术溢出与一个国家或地区的经济发展水平紧密相关的观点，但是他们发现越是经济不发达的地区，进口对技术进步的促进作用越大。在示范－模仿效应中，经济发展水平是进行模仿的基础，是影响一国资本吸收能力的关键因素之一，也是技术创新的基础条件（叶娇、王佳林，2014）[①]。

二、经济开放度

开放是国际贸易的基础，一个相对封闭的经济体，贸易的总量是有限的，贸易的溢出效应也一定是有限的。而且，学者们的研究发现跨国公司生产性服务业FDI有明显追随下游制造业FDI的倾向，如果一国对外开放程度尤其是服务领域的开放程度很小，必将阻碍服务业FDI引进的规模和生产性服务跨

① 叶娇，王佳林.FDI对本土技术创新的影响研究——基于江苏省面板数据的实证[J].国际贸易问题，2014（1）：131-138.

境贸易的规模，必定对生产性服务贸易的溢出效应产生很大的影响。所以，作者认为，影响生产性服务贸易溢出效应的因素之一为一国对外开放水平的高低。尤其是外商直接投资不仅仅是外国资本的转移，还包括外国先进技术和管理理念等一揽子的转移，因此，如果一个国家经济开放的程度很高，它引进外来资本的机会就越大，从学习、竞争、关联、交流和人员流动等途径获得母国先进技术的可能性和机会也就越大。同时，一国的贸易开放也促进了由进口贸易传导的国外技术的吸收，使进口国的全要素生产率得以提升。通过贸易开放，我国可以进口更多其他国家的产品，并通过技术模仿将物化在进口产品中的技术知识加以吸收、利用、再创新，促进我国的技术进步（冯会娟，2012）①。

学者们经过大量的实证研究得出的结论也支持理论研究的观点，即：发展中国家和地区通过实行和扩大对外开放，能够与发达国家进行经济技术的交流，吸收发达国家的技术扩散和知识溢出，是发展中国家技术进步和生产率增长的重要途径。一国的对外开放和 TFP 的增长呈现显著的正相关关系，更为开放的国家比保护更多的国家趋向于经历更快的 TFP 增长（Edwards，1998；Cameron,Proud-man and Redding ,1999②）。Wu（2004③）采用随机前沿的技术，就 APEC 经济体的开放对其 TFP 增长的影响进行了研究，结果发现，对外开放不仅影响 APEC 成员国技术效率的变化，也对其技术进步产生了影响。

三、市场化水平

如果一国的市场化程度不够，存在垄断势力，竞争就会不充分，企业就没有足够的动力和国外的服务提供者进行主动的竞争，就会缺乏主动学习、模仿和赶超（主动进行研发创新）国外同行的内在压力和激励机制。而且，在垄断

① 冯会娟 . 进口贸易技术溢出与中国全要素生产率的实证研究［J］. 广西社会科学，2012，8：58-62.

② Cameron，G.，J. Proudman，and J. Redding，Openness and Its Association with Productivity Growth in UK Manufacturing Industry[J]. Bank of England Working Papers，1999，No.104.

③ Wu Yanrui，Openness，Productivity and Growth in the APEC Economies[J]. Empirical Economics，2004，29（3）：593-604.

严重的行业，外资企业的进入也往往会存在重重阻力。

现阶段，我国的国有经济在国民经济中仍然占有非常重要的地位，而且大部分具有垄断的力量。由于我国的国有企业产权的特殊性及其在法人治理结构方面存在先天的缺陷，国有企业的管理者在进行生产决策时，可能不会总是像私有企业主那样把成本最小化和利润最大化作为经营管理的唯一目标，而很可能会把单纯的扩大企业规模作为主要目标。而且，由于种种原因，这些企业对其所需的服务大都在企业内部实现自我提供，导致阻碍服务外包的客观后果。另外，一些历史遗留问题导致的利益关系较为复杂，这些可能都会导致国有企业改革乏力、服务外包的动力不足等。但是同时，由于国有企业特有的管理方式会导致企业生产效率和自我服务效率低下，因此又有可能会促使其产生将服务外包出去的主观愿望。因此，国有企业的特点对服务外包既有促进的一面，又有抑制的一面，导致国有企业的比重对服务外包的影响具有不确定性（霍景东、黄群慧，2012）。

四、人力资本水平

人力资本水平对国际贸易的技术溢出效应的发挥起着关键性的作用，因为国际贸易带来的国外技术，只有在一国吸收能力范围之内才有可能促进进口国的技术进步。Cohen，Levinthal（1989）最早将“吸收能力”定义为企业识别、评价、消化新知识并应用到商业目的的能力，Gouranga Gopal Das（2002）认为吸收能力指的是一国通过中间品贸易的渠道获得技术溢出的能力[①]。这种能力无疑与一国的人力资本水平有关，因为人力资本一方面直接关系到一国的技术创新能力和使用现有技术的效率，另一方面还影响一国吸收和学习外来新技术的能力和速度。因此人力资本投资的增加可以提升一国的吸收能力，从而促进国际技术的扩散（Benhabib 和 Spiegel，1994）。人力资本也是竞争效应、示范 - 模仿效应的基础，可以视为技术进步的载体，因此，人力资本和进口贸易相结

① Gouranga Gopal Das, Alan A. Powell Absorption Capacity, Structural Similiarity and Embodied Technology Spillovers in a “Macro” Model an Implementation within the GTAP Frame-work [Z], http: //www. gtap. agecon. purdue. edu, 2000.

合可以促进进口贸易的技术溢出，进而提高进口国的生产率。以 Lucas 为代表的人力资本溢出理论认为，若东道国的人力资源数量不足、质量低下，就无法吸收跨国公司溢出的技术，Borensztein（1998）也认为东道国的人力资本存量对 FDI 溢出效应起着决定性的作用。Keller（1996）研究发现南美洲国家与东亚国家之间吸收技术溢出能力存在差异的原因在于人力资本存量的差距。Datta 和 Mohtadi（2006）认为发展中国家的人力资本水平决定了其吸收国际贸易技术溢出的能力。

综上，溢出效应能否发挥作用归根结底还是人才在起作用，一个国家如果没有充足的、高质量的人力资本，就不能实现对从国外购进的服务进行学习、模仿、吸收和利用，就无法使内含于服务产品中的先进技术在进口国国内发挥作用，所以影响生产性服务贸易溢出效应的另一个关键因素为一国拥有的人力资本的水平。

五、研发（R&D）水平

一国的技术进步主要有两条途径，一条是生产经验的积累，另一条是专门的研究与开发。而研究与开发是现代科技的首要来源，先进技术可以提高生产要素的使用效率，是生产率提升的重要源泉。制造业企业生产技术水平的提升，依靠的也是研发的投入。进口国的 R&D 活动水平是影响一国技术吸收能力的两个决定性因素之一，较强的国内研发基础意味着更强的研发能力和对 FDI 所含技术更强的吸收能力（Cohen 和 Levinthal，1989）。国内研发起到的作用与人力资本起到的作用类似，Coe 和 Helpman（1995）认为进口国国内的研发投入有利于其技术进步，Keller（2002）也认为国内研发投入有利于国际贸易的技术扩散。

六、金融发展程度

Ross Levin（2004）认为一国金融的发展对经济增长的贡献是巨大的，现代经济的增长更离不开金融的发展。通常来讲，一国的金融越发达、金融结构越优化，资源配置的效率和风险分担的体系就越合理，进而越能更好地促进其技术创新与技术进步。这种关系对发展中国家经济的健康发展更为重要，因为运转高效的金融市场能将各种资源转化为投资，同时一个良好的金融体系还能实现将社会资金从低效率向高效率的转化，因此能够促进发展中国家的技术创新与进步（Ahmad 和 Malik，2009）。Hermes 和 Lensink（2003）以及 Alfaro 等（2004）证实了一国金融系统的发展会影响到对 FDI 外溢效应的吸收，发达的金融体系对 FDI 的技术扩散会产生正的效应。因为金融发展降低了企业的融资成本，使得企业家向外商学习获得知识和技术时能够很容易地获得金融支持，从而有利于技术的扩散、转移和进一步的创新。

第二节　生产性服务贸易前向溢出效应影响因素实证研究

一、经济发展水平对生产性服务贸易前向溢出效应的影响

生产性服务贸易前向溢出效应对制造业 TFP 影响的初始回归方程为：

$$\mathrm{lnTFP}_i = a_0 + a_1\mathrm{lntrad}_{jt} + a_2\mathrm{lnfdi}_{jt} + a_3\mathrm{lnpr}_{jt} + a_4\mathrm{lnpk}_{jt} + \varepsilon_{jt}$$

要研究经济发展水平（GDP）对生产性服务贸易（分别为 fdi 和 trad）溢出效应的影响，可以分别用交叉项 lnGDP × lnfdi 和 lnGDP × lntrad 来衡量，因此，将最终回归方程设定为（后面的方程设定方法与此处类似）：

$$\mathrm{lnTFP}_i = a_0 + a_1\mathrm{lnGDP}\times\mathrm{lntrad}_{jt} + a_2\mathrm{lnGDP}\times\mathrm{lnfdi}_{jt} + a_3\mathrm{lnpr}_{jt} + a_4\mathrm{lnpk}_{jt} + \varepsilon_{jt} \tag{6.1}$$

回归结果详见表 6-1。在第五章我们已经知道模型（一）的结果表明商业存在（fdi）和跨境交付（trad）这两种生产性服务贸易均能显著提升我国制造业全要素生产率，但后者的影响比前者大得多。在表 6-1 中的模型（二）中，作者用交乘项 lnGDP × lnfdi 代替 fdi，发现这个交乘项与制造业 TFP 呈显著的正相关关系（两者的 t 检验值在 5% 水平下显著）。用 lnGDP × lntrad 代替 trad，发现这个交乘项与制造业 tfp 也呈显著的正相关关系（两者的 t 检验值在 5% 水平下显著）且作用较大。这说明我国的经济发展水平对生产性服务贸易溢出效应产生了显著的提升作用，对跨境贸易技术溢出效应的影响比对商业存在溢出效应的作用大得多。这说明由于我国经济的迅速发展，综合国力得到了极大的

提升，同时经济的快速发展也使我国的制造业得到了快速的扩张，对国外生产性服务的引进需求也得到了极大的提升，这些综合影响扩大了生产性服务贸易的技术溢出效应。

表 6-1　经济发展水平对生产性服务贸易溢出效应的影响

被解释变量 TFP	模型（一）	模型（二）
解释变量及常数	系数及常数	系数及常数
lnfdi	0.1166 ***	
lntrad	0.4003***	
lnGDP × lnfdi		0.0161***
lnGDP × lntrad		0.0446***
lnpr	0.2844	0.4758**
lnpk	0.0341	0.0812**
cons	7.1576	7.4426
Hausman 检验的 *P* 值	0.0005	0.0215
采用的模型	fe	fe

注:（1）为了剔除国家规模的影响，此处用人均 GDP 作为衡量我国经济发展水平的指标;（2）模型（一）为初始方程回归的结果，即不包括各种影响因素的回归结果；模型（二）为包括 GDP 分别与 fdi 和 trad 交乘项的方程回归结果。

二、经济开放度对生产性服务贸易前向溢出效应的影响

一个国家的经济开放程度直接关系到跨国公司能否顺利进入该国进行直接投资，也直接关系到外国的服务能否被顺利地进口到该国国内，从而间接影响到生产性服务技术贸易溢出效应的发挥。本书用历年进出口总额占 GDP 比重作为经济开放程度的衡量指标，数据来自历年《中国统计年鉴》并按照当年人民币对美元平均汇率水平折算为人民币金额。从表 6–2 可以看出，虽然我国的进出口总额一直呈上升的趋势（2009 年除外），但我国的对外开放度到了 2006 年达到了最高值 65.17% 之后，又基本呈逐年下降的趋势，说明随着我国经济基数变得越来越庞大，我国对对外贸易的依赖程度有所下降。为了检验经济开放度对生产性服务贸易前向溢出效应的影响，此处将回归方程设定为：

$$\mathrm{lnTFP} = c_i + \alpha_1 \mathrm{lnOPEN} \times \mathrm{lnfdi}_t + \alpha_2 \mathrm{lnOPEN} \times \mathrm{lntrad}_t + \alpha_3 \mathrm{lnpr}_t + \alpha_4 \mathrm{lnpk}_t + \varepsilon_{it} \tag{6.2}$$

表 6-2 中国经济对外开放水平（单位：亿元；%）

年度	进出口总额（TRAD）	国内生产总值（GDP）	经济开放度（TRAD/GDP）
2001	42，183.60	109，655.17	38.47
2002	51，378.20	120，332.69	42.7
2003	70，483.50	135，822.76	51.89
2004	95，539.10	159，878.34	59.76
2005	116，921.80	184，937.37	63.22
2006	140，974.00	216，314.43	65.17
2007	166，863.70	265，810.31	62.78
2008	179，921.47	314，045.43	57.29
2009	150，648.06	340，902.81	44.19
2010	201，722.15	401，512.80	50.24
2011	236，401.99	473，104.05	49.97
2012	244，160.21	519，470.10	47
2013	258，168.89	568，845.21	45.38

加入影响因素经济开放度后的方程回归结果见表 6-3。

表 6-3 经济开放度对生产性服务贸易溢出效应影响的实证结果

被解释变量 TFP	模型（三）
解释变量及常数	系数及常数
lnOPEN × lnfdi	-0.2114***
lnOPEN × lntrad	0.2061*
lnpr	-0.4005 （-1.52）
lnpk	0.4441*** （14.32）
cons	3.7375 （11.07）
Hausman 检验的 *P* 值	0.0000
采用的模型	fe
LlnOPEN × lnfdi （效应模型 fe）	-0.0945*** （-7.84）
L2lnOPEN × lnfdi （效应模型 fe）	-0.0662*** （-9.68）

注：模型（三）为包括影响因素 OPEN 分别与 fdi 和 trad 的交乘项；最后两行为将对外开放水平分别滞后一期和二期后对 fdi 影响的回归结果。

在表 6–3 的模型（三）中，作者用交乘项 lnOPEN × lnfdi 代替 fdi，发现这个交乘项与制造业全要素生产率呈显著的负相关关系（两者的 t 检验值在 5% 水平下显著），这与前面的理论分析不符，即市场开放度的提升不仅不能提升反而阻碍了生产性服务商业存在对我国制造业全要素生产率溢出作用的发挥。究其原因，很多学者认为这可能是由于 FDI 对一国技术的影响是比较复杂的，其溢出效应的发挥受众多因素影响，如果这些影响因素达不到相应的“门槛”值，就会制约 FDI 技术溢出效应的发挥（李梅、谭力文，2009）。另外，考虑到开放政策的影响往往具有一定的滞后性，本书对经济开放度分别做了滞后一期和两期的回归，发现这种阻碍作用有随时间大大降低的趋势，说明虽然我国的对外开放水平在当期阻碍了商业存在前向技术溢出效应的发挥，但其后续的影响可能会向积极方向转变。用 lnOPEN × lntrad 代替 trad，发现这个交乘项与制造业 tfp 呈显著正相关关系（两者的 t 检验值在 10% 水平下显著），这与前面的机理分析相吻合，说明对外开放的扩大确实能促进生产性服务跨境贸易对我国制造业前向链接溢出效应的发挥。

三、市场化水平对生产性服务贸易前向溢出效应的影响

（一）我国的市场化水平

市场化程度可以用 1 减去国有化指标获得，由于国有化指标等于国有企业职工人数与总职工人数的比值，所以，本书直接用非国有单位就业人员占城镇就业人员的比重来衡量我国市场化水平。该指标数据越大，说明市场中非国有经济的比重越高，市场垄断水平就越低，市场竞争就越激烈，企业为了降低生产成本、提高交易效率就越有动力外购生产性服务，对生产性服务贸易溢出效应的影响也就越大。从表 6–4 可以看出，2001 年到 2013 年，我国的市场化水平呈逐年提升的态势，说明我国的市场垄断呈逐年下降的趋势。

表 6–4 我国的市场化水平（单位：万人；%）

年份	城镇就业人员数	国有单位城镇就业人员数	非国有单位就业人员占比
2001	24123	7640	68.33%
2002	25159	7163	71.53%

续表

年份	城镇就业人员数	国有单位城镇就业人员数	非国有单位就业人员占比
2003	26230	6876	73.79%
2004	27293	6710	75.41%
2005	28389	6488	77.15%
2006	29630	6430	78.30%
2007	30953	6424	79.25%
2008	32103	6447	79.92%
2009	33322	6420	80.73%
2010	34687	6516	81.21%
2011	35914	6704	81.33%
2012	37102	6839	81.57%
2013	38240	6365	83.36%

注：市场化水平为非国有单位就业人员（用城镇就业人员数减去国有单位城镇就业人员数得来）占城镇就业人员比重得来。

（二）回归方程及回归结果

此处将相应的回归方程设定为如下形式：

$$\ln TFP = c_i + \alpha_1 \ln MK \times \ln fdi_t + \alpha_2 \ln MK \times \ln trad_t + \alpha_3 \ln pr_t + \alpha_4 \ln pk_t + \varepsilon_{it} \tag{6.3}$$

实证的结果见表 6–5。

表 6–5　市场化程度对生产性服务贸易溢出效应的影响

被解释变量 TFP	模型（四）
解释变量及常数	系数及常数
lnMK × lnfdi	−0.4037*** （−3.51）
lnMK × lntrad	−0.0303 （−0.16）
lnpr	−0.0524 （−0.26）
lnpk	0.0131 （0.38）

续表

被解释变量 TFP	模型（四）
cons	5.5322 （19.54）
Hausman 检验的 P 值	0.0001
采用的模型	fe
llnMK × lnfdi （fe）	0.6401*** （6.28）
llnMK × lntrad （fe）	1.11845*** （6.73）

注：模型（四）为包括影响因素市场程度 MK 分别与 fdi 和 trad 的交乘项；最后两行为将对市场化程度滞后一期后分别对 fdi 和 trad 的影响回归结果。

从模型（四）可以看出，市场化水平当期对商业存在的溢出效应产生了显著的阻碍作用，与跨境贸易溢出效应关系也为负，但这种关系并不显著。其原因可能是由于市场化程度的加强，虽然减少了外资进入的阻力，但也意味着市场竞争更加激烈，因此，一些外资企业为了在市场竞争中保持有利地位，往往会采取各种措施防止其先进技术的流出，从而阻碍了生产性服务贸易溢出作用的发挥（薄文广，2007）。同样，考虑到可能存在滞后效应，本书对市场化程度滞后一期后再分别对 fdi 和 trad 做回归检验，发现市场化程度对生产性服务贸易溢出效应的滞后作用显著为正且拉动力度较大，尤其是对跨境贸易溢出效应的促进作用超过了 1，说明市场化程度对生产性服务贸易技术溢出效应的发挥具有很大的滞后性。

四、人力资本水平对生产性服务贸易前向溢出效应的影响

（一）人力资本水平的测算

目前，学术界对于人力资本水平的衡量还没有一个统一的标准，已有研究中常用的度量方法有受教育年限法（崔玉平，2000；Yan Wang and Yu dong Yao，2003）、教育经费法（沈利生、朱运法，1999）、各级教育入学率（阿巴斯和王金营，2000）、成人识字率（Romer，1989），还有采用当地高校数量来

表示该地区的人力资本存量等方法。各种衡量指标均有其优点和缺点，本书基于数据的可得性，采用人均受教育年限（当年毕业生受教育年限总数除以当年劳动力人数）指标来表示我国的人力资本水平①，计算人均受教育年限时参照通用的做法，将小学、初中、高中、大专及以上学历的毕业生平均受教育年数分别定为6年、9年、12年和16年。因此，人力资本水平（HU）计算公式为：

$$\mathrm{HU}_t=\frac{6\times H_1+9\times H_2+12\times H_3+16\times H_4}{L_t} \tag{6.4}$$

其中，L_t 表示 t 年的劳动力数量，用“经济活动人口”指标来表示；H_1 表示当年的小学毕业人数，相应的指标为“普通小学毕业生数”；H_2 为当年初中毕业人数，用“普通中学毕业生数”与“职业中学毕业生数”两个指标之和计算得来；H_3 代表当年高中毕业生人数，对应的指标为“高中毕业生数”；H_4 表示当年大专、本科及本科以上毕业生人数，用“普通高等毕业生人数”指标来表示，各指标单位都是万人；6、9、12、16分别代表每阶段的受教育年限，各指标的值根据《中国统计年鉴》各期提供的数据计算得出。

从表6–6可以看出，2001—2013年我国各类当年毕业生数呈现出了各自鲜明的发展特征，每年的小学毕业生数呈逐年下降的趋势，从2001年的2396.90万人下跌至2013年的1581.06万人，跌幅较大；高中毕业生和初中毕业生人数先是逐年增加，后又逐年减少；只有大学毕业生数量呈逐年扩大的趋势。

（二）实证检验结果及分析

此处将人力资本水平对生产性服务贸易溢出效应影响的回归方程设定为：

$$\mathrm{lnTFP}=c_i+\alpha_1\mathrm{lnHU}\times\mathrm{lnfdi}_t+\alpha_2\mathrm{lnHU}\times\mathrm{lntrad}_t+\alpha_3\mathrm{lnpr}_t+\alpha_4\mathrm{lnpk}_t+\varepsilon_{it} \tag{6.5}$$

回归结果见表6–7。

表6–6　我国当年各类毕业生人数（单位：万人）

年度＼指标	经济活动人口	普通高等学校毕业生数	高中毕业生数	中学毕业生数	普通小学毕业生数
2001	73884	103.63	340.46	1873.48	2396.90
2002	74492	133.73	383.76	2025.30	2351.92

① 熊灵，魏伟，杨勇．贸易开放对中国区域增长的空间效应研究：1987—2009［J］．经济学（季刊），2012，11（3）．

续表

年度＼指标	经济活动人口	普通高等学校毕业生数	高中毕业生数	中学毕业生数	普通小学毕业生数
2003	74911	187.70	458.10	2131.10	2267.90
2004	75290	239.12	546.94	2212.90	2135.20
2005	76120	306.80	661.57	2276.51	2019.48
2006	76315	377.50	727.07	2241.90	1928.48
2007	76531	447.79	788.31	2154.59	1870.17
2008	77046	511.95	836.06	2079.59	1864.95
2009	77510	531.10	823.72	2026.85	1805.20
2010	78388	575.42	794.43	1980.55	1739.64
2011	78579	608.16	787.74	1954.48	1662.81
2012	78894	624.73	791.50	1866.27	1641.56
2013	79300	638.72	798.98	1883.91	1581.06

注：中学毕业生人数为普通中学和职业中学毕业生数之和。

表 6-7　人力资本水平对生产性服务贸易溢出效应影响

被解释变量 TFP	模型（五）
解释变量及常数	系数及常数
lnHU × lnfdi	−0.1759*** （−2.87）
lnHU × lntrad	−0.1066 （−1.04）
lnpr	0.3596* （1.87）
lnpk	0.1816*** （10.87）
cons	5.6237 （24.30）
Hausman 检验的 *P* 值	0.0001
采用的模型	fe

注：模型（五）为包括影响因素人力资本 HU 分别与 fdi 和 trad 的交乘项。

从模型（五）的回归结果来看，人力资本水平显著地阻碍了商业存在的溢出效应，与跨境贸易溢出效应的作用也为负但并不显著，人力资本滞后一期和滞后两期对生产性服务贸易溢出效应的影响也依然为负。这可能是由于此处采用的人力资本指标存在缺陷有关，因为一方面此处只是将每年新增的人力资本纳入进来，而人力资本存量由于无法考量而被排除在外，造成我国的人力资本水平被严重低估，另一方面，可能与我国生产性服务业从业人员在服务业从业人员中的比例不高有关，2013 年我国生产性服务业从业人员在服务业从业人员中的比例是自 2001 年以来最大的，但也仅为 39.71%[①]。此外，有很多学者认为只有那些接受过高等教育的人才能够促进技术进步（薄文广，2007），而我国劳动力素质恰恰比较低下，每年新增的高中毕业生和本科毕业生在经济人口中的比例仍旧很小（见表 6-8）。这些数据说明我国虽然人口众多，但与生产性服务业配套的高级人才较少，限制了生产性服务贸易对我国制造业技术溢出效应的发挥。

表 6-8　每年大学和高中毕业生在经济人口中的比重（单位：%）

年度	大学占比	高中占比	大学加高中占比
2001	0.14	0.46	0.60
2002	0.18	0.52	0.69
2003	0.25	0.61	0.86
2004	0.32	0.73	1.04
2005	0.40	0.87	1.27
2006	0.49	0.95	1.45
2007	0.59	1.03	1.62
2008	0.66	1.09	1.75
2009	0.69	1.06	1.75
2010	0.73	1.01	1.75
2011	0.77	1.00	1.78
2012	0.79	1.00	1.80
2013	0.81	1.01	1.81

① 该值是作者利用相关数据，通过计算得来。

五、国内的研发水平对生产性服务贸易前向溢出效应的影响

（一）国内研发水平的确定

目前，学术界在选择度量一国国内研发活动水平代理变量上做法主要有两种：一种是用在研发方面投入的资本存量来表示，如用研发投入的金额来度量（仇怡，2005）；另一种做法是为了剔除国家规模的影响，采用研发投入的密度来度量（Guellec and Van Pottelsberghe，2001）。考虑到第二种方法更能真实反映一个国家研发活动的相对投入水平，本书也采用该指标来度量我国各年度研发投入情况。研发密度（S_t^d）用研究与试验发展经费支出与国内生产总值的比率来表示，研发强度越大，对先进技术的消化吸收能力就越强，计算所需的历年原始数据来源于中华人民共和国国家统计局网站①。由于研发投入可以产生持续的影响，所以不能仅仅只用当年新增的研发投入来表示一国的研发水平，而应该用研发投入的存量来体现出历史投资对研发总投资的影响。本书采用的是通用的永续盘存法来计算中国历年的研发存量，即：

$$S_t^d=(1-\delta)\,S_{t-1}^d+RD_t \qquad (6.6)$$

RD_t 为各年研发支出流量，用以 2001 年为基期的固定资产价格指数进行了平减。2001 年的研发存量采用 Griliches（1980）提出的方法进行计算：

$$S_{2001}^d=RD_{2001}/(g+\delta) \qquad (6.7)$$

g 为 2001 年到 2013 年平均增长率，δ 为研发资本折旧率，本书沿用 Coe and Helpman（1995）回归所得的 5%。

（二）实证结果及分析

相应的回归方程设定为如下形式：

$$\ln TFP=c_i+\alpha_1\ln SD\times\ln fdi_t+\alpha_2\ln SD\times\ln trad_t+\alpha_3\ln pr_t+\alpha_4\ln pk_t+\varepsilon_{it} \qquad (6.8)$$

方程的回归结果详见表 6–9。从表 6–9 可以看出，研发投入强度与跨境贸易存在显著的负相关关系，滞后一期仍然为显著负相关，但阻碍作用减小，滞后两期为不显著负相关（–0.0079）。与商业存在关系也为负但并不显著，滞后

① 中华人民共和国国家统计局网站网址：http://www.stats.gov.cn/tjsj/ndsj/.

一期和二期也仍然为不显著负相关。国内研发起到的作用与人力资本起到的作用类似，有利于国际贸易的技术扩散，Cohen 和 Levinthal（1989）认为较强的国内研发基础意味着更强的研发能力和对 FDI 所含技术更强的吸收能力，东道国的人力资本只有达到一定的门槛值，东道国才能从 FDI 的技术扩散中获益（Xu，2000）。张建清、孙元元（2011）的研究也发现若控制人力资本对进口和 FDI 所含技术的吸收，进口和 FDI 就会都不利于本国的技术进步。可见企业进口的中间品以及外资必须与企业技术员工相结合才能发挥其价值，才会产生技术溢出，尤其是外资的进入替代了国内企业的部分的研发和投资，进而产生了“技术替代”效应。薄文广（2007）则认为这是由我国科研人员的产出效率低下造成的。

表 6-9　研发对生产性服务贸易溢出效应影响的实证结果

被解释变量 TFP	模型（六）
解释变量及常数	系数及常数
lnSD × lnfdi	-0.0178 （-1.52）
lnSD × lntrad	-0.0618*** （-3.16）
lnpr	-0.1893 （-1.02）
lnpk	-0.1205*** （-3.32）
cons	5.8559
Hausman 检验的 P 值	0.0000
采用的模型	fe
LlnSD × lntrad （fe）	-0.0593** （-2.55）

注：模型（六）为包括影响因素研发 SD 分别与 fdi 和 trad 的交乘项；最后一行为将研发水平滞后一期后对 trad 的影响回归结果。

六、金融发展程度对生产性服务贸易前向溢出效应的影响

（一）中国金融发展程度的度量

本书参考以往国内外学者的研究，用金融机构贷款余额与 GDP 的比值

（FN）来表示我国金融发展程度，计算结果详见表 6–10。从中可以看出 2001—2013 年我国各项贷款年末余额呈逐年上升趋势，金融发展程度虽然总体上是呈上升趋势，但阶段性震荡特征明显。

表 6–10　我国金融机构各项贷款年末余额与金融发展程度（单位：亿元）

年度	各项贷款年末余额	国内生产总值	金融发展程度
2001	112314.7	109655.17	1.0243
2002	131293.93	120332.69	1.0911
2003	158996.23	135822.76	1.1706
2004	177363.49	159878.34	1.1094
2005	194690.39	184937.37	1.0527
2006	225285.28	216314.43	1.0415
2007	261690.88	265810.31	0.9845
2008	303394.64	314045.43	0.9661
2009	399684.82	340902.81	1.1724
2010	479195.55	401512.80	1.1935
2011	547946.69	473104.05	1.1582
2012	629909.64	519470.10	1.2126
2013	718961.46	568845.21	1.2639

注：数据来源于中国人民银行调查统计司网站。http://www.pbc.gov.cn/publish/diaochatongjisi/647/index.html.

（二）实证结果及分析

方程设定为：

$$\ln TFP = c_i + \alpha_1 \ln FN \times \ln fdi_t + \alpha_2 \ln FN \times \ln trad_t + \alpha_3 \ln pr_t + \alpha_4 \ln pk_t + \varepsilon_{it} \tag{6.9}$$

金融对生产性服务贸易溢出效应影响的实证结果见表 6–11。实证的结果显示，金融发展程度对商业存在溢出效应的发挥呈显著正相关关系且作用极大（系数达到了 1.7249），但是与跨境贸易呈显著的负相关关系，对金融滞后一期后再对 trad 进行回归，结果虽然仍然为显著负，但阻碍作用已经大大减小（已经下降为 –0.0869），滞后两期的回归结果为不显著的正相关关系。说明中国的金融发展程度当期对商业存在的溢出效应产生了明显的促进作用，对跨境贸易却产生了阻碍的作用。但是金融发展程度对跨境贸易的溢出效应存在滞后性，从长远来看也可以促进跨境贸易溢出效应的发挥。

表 6-11 金融对生产性服务贸易溢出效应的影响的实证结果

被解释变量 TFP	模型（七）
变量及常数	系数及常数
lnFN × lnfdi	1.7249***
lnFN × lntrad	-2.9454***
lnpr	-1.7556***
lnpk	0.4928***
cons	1.8667
Hausman 检验的 P 值	0.0000
采用的模型	fe
LlnFN × lntrad （fe）	-0.0869* （-1.9）

注：模型（七）为包括影响因金融发展程度 FN 分别与 fdi 和 trad 的交乘项；最后一行为对金融发展程度滞后一期后对 trad 的影响回归结果。

第三节 本章小结

作者将所有因素对生产性服务贸易技术溢出效应的影响实证结果汇总在表 6-12 中，从中可以看出，虽然只有经济发展水平和金融发展程度两个因素对商业存在溢出效应的发挥产生了促进作用，但其他各因素（人力资本水平和研发水平除外）对商业存在溢出效应的促进都存在滞后性；经济发展水平和经济开放度对跨境贸易溢出效应产生了显著的促进作用，其他要素（人力资本水平除外）虽然在当期阻碍了跨境贸易溢出效应的发挥，但其滞后提升作用显著。

表 6-12 生产性服务贸易溢出效应影响因素小结

贸易分类 影响因素	商业存在	跨境贸易
经济发展水平	显著正	显著正
经济开放度	显著负但有滞后效应	显著正
市场化水平	显著负，滞后一期显著正	不显著负，滞后一期显著正
人力资本水平	显著负	不显著负
研发水平	不显著负	显著负但存在滞后效应
金融发展程度	显著正	显著负但存在滞后效应

第七章　结论及政策建议

第一节　本书研究的主要结论

经过前面章节对中国生产性服务业、生产性服务贸易和制造业的现状研究，对两业互动和生产性服务贸易前向溢出效应对制造业全要素生产率影响的实证研究，本书得出的结论主要有以下几个方面。

一、中国生产性服务业发展方面

我国生产性服务业发展速度快，在国民经济中的地位正在逐步上升，但是我国国民经济的增长还是主要依赖物质的大量投入。我国生产性服务业是典型的“高附加值，低拉动型”产业，即对国民经济其他部门的拉动作用是比较小的。虽然生产性服务主要需求对象为第二产业，但其对制造业的贡献度不高；在大部分制造业部门中生产性服务投入较小但比例呈上升的趋势，反映出制造业对生产性服务业的需求在增加。

二、中国生产性服务贸易发展方面

从总量上看，我国生产性服务跨境贸易和商业存在之间并没有体现出此消彼长的替代现象，而是呈同步迅猛发展的态势；商业存在发展的速度更快，但跨境贸易的规模比商业存在大得多；两者在各自领域中的比重都超过了一半，但在整个国民经济中的比重却都非常小。从分行业发展来看，各行业在两种方式的贸易中表现不尽相同；生产性服务贸易中传统服务贸易占的比重大，新兴服务贸易比重小，但高知识、高技术含量的服务贸易发展的速度比传统服务贸易发展的速度快，而且两种生产性服务贸易体现出了一定的互补性。

三、中国制造业发展方面

无论是从投入还是从产出关系来看，我国制造业与其他产业部门的联系都非常紧密，是拉动国民经济其他部门发展的重要力量，即我国国民经济其他部门的发展离不开制造业的发展。我国制造业虽然是“高拉动型”产业，但附加值低，与其他国家相比，我国制造业人均增加值偏低、国际竞争力还比较弱，面临的国际竞争形势比较严峻，转型升级压力较大。

四、两业融合情况方面

无论是从投入角度还是从消耗角度来看，我国制造业融合于生产性服务业的程度都大于生产性服务业融合于制造业的程度；无论是从投入角度还是从消耗角度看，我国的生产性服务业都显著地依赖于制造业，但制造业却并不显著地依赖于生产性服务业；两业共生关系虽然处于绝对非均衡状态，但正在向均衡融合形态转变，即制造业开始表现出对生产性服务业依赖增强的趋势。

五、生产性服务贸易前向溢出效应对制造业 *TFP* 的影响实证方面

①无论是从整体角度还是从分行业的角度，生产性服务的跨境贸易和商业存在的前向溢出效应都能显著促进我国制造业全要素生产率的提升。②跨境贸易在当期促进制造业 TFP 的力度是商业存在的 3 倍多；两种生产性服务贸易提升我国制造业全要素生产率的方式有所不同。③跨境贸易和商业存在溢出效应对制造业生产率的某些方面存在滞后性，但是两者在提升中国制造业纯技术效率和改进规模效率方面产生了一定的互补作用。④由于存在要素密集度的差异，使得两者对制造业三个分行业全要素生产率的影响程度各有偏重；生产性服务分行业贸易对制造业溢出作用的表现也存在着一定的差异。

六、影响生产性服务贸易对制造业 *TFP* 前向溢出效应发挥的因素分析方面

在所列的六大影响因素中，在当期对生产性服务贸易前向溢出效应呈推动

作用的因素不多，但大部分影响因素对生产性服务贸易前向技术溢出的促进作用存在较大的滞后性。

第二节　发挥生产性服务贸易对制造业TFP前向技术溢出效应的整体思路

从第五章实证的结果来看，生产性服务贸易前向溢出效应与中国制造业TFP呈显著正相关关系，说明生产性服务的进口贸易能够极大地促进我国制造业全要素生产率的提升，所以需要大力发展生产性服务进口贸易，包括大力发展跨境贸易和商业存在。但是，利用生产性服务贸易溢出效应来促进制造业生产率的全面提升，又不能一味地依赖扩大生产性服务的进口贸易，而必须综合地考虑生产性服务进口贸易与促进制造业和生产性服务业融合之间的关系，因为只有两业的融合程度加深才能充分发挥生产性服务贸易对提升制造业全要素生产率的作用。

一、要充分发挥生产性服务贸易的影响

既然实证的结果显示，生产性服务贸易前向溢出效应对中国制造业TFP有着积极的提升作用，所以，首先需要大力发展两种形式的生产性服务的进口贸易，即跨境贸易和商业存在。1. 从整体回归效果看，跨境贸易作用远大于商业存在，所以建议扩大生产性服务的跨境贸易；但由于商业存在的作用具有滞后性，因此不能忽视生产性服务业FDI的发展。2. 从对制造业分行业的回归结果看，商业存在和跨境贸易提升不同要素密集型制造业行业生产率的作用方式有所不同，所以，应针对不同行业的特点有针对性地引进作用较大的生产性服务。3. 从生产性服务贸易分行业对制造业整体回归结果来看，不同性质生产性服务贸易对制造业的技术溢出作用也有所不同，所以，应该对不同行业生产性服务贸易的作用区别对待。

二、要结合两业融合的影响

从第四章的现状分析得出的结果来看，目前我国制造业和生产性服务业的融合程度还很不理想，所以，要想大力发展生产性服务的进口贸易，就必须采取各种措施进一步促使制造业和生产性服务业的分离，制定相关政策促进制造业加大服务外包的力度，从而改变制造业“大而全，小而全”的局面，刺激其对外部生产性服务的需求。同时，通过扩大生产性服务的进口贸易促进我国生产性服务业的发展壮大，为两业融合升级打下坚实的基础。

三、要综合考虑各影响因素的影响

因为第六章的实证结果显示生产性服务贸易溢出效应的发挥还要受到一些因素的影响，所以，还需要充分考虑各种影响因素作用的发挥。

第三节　发挥生产性服务贸易对制造业 TFP 前向技术溢出效应的具体思路

一、继续扩大生产性服务的进口贸易

由于第四章的实证结果显示中国的制造业和生产性服务业融合程度差，尤其是生产性服务业对制造业的影响力和感应力都比较小。而第六章的实证结果显示，生产性服务贸易溢出效应与中国制造业 TFP 呈显著正相关关系，即我国的生产性服务贸易能够显著提升制造业的全要素生产率且作用很大。跨境贸易和商业存在溢出效应除了能极大地促进制造业的技术进步，对提升中国制造业纯技术效率和改进规模效率方面也产生了一定的互补作用。所以，对二者提升我国制造业全要素生产率的作用不可偏倚，我国需要同时大力引进这两大类生产性服务。在我国生产性服务业规模小、高质量服务缺乏的情况下，继续扩大对国外质优价廉的生产性服务的引进（包括直接的购买即跨境贸易和引进外资提供服务即商业存在），是符合我国国情的、切实可行的、显著有效的途径。

（一）继续扩大跨境贸易的规模

第五章的实证结果显示，生产性服务跨境贸易在当期促进制造业 TFP 的力度是商业存在的 3 倍多，说明跨境贸易对制造业 TFP 提升的力度远大于商业存在。跨境贸易是通过同时促进制造业的技术进步和技术效率来提升其全要素生产率的，虽然跨境贸易不能提升制造业的纯技术效率，但其产生的规模经济效应非常大，说明在我国生产性服务规模和质量都落后于发达国家的情况下，应当扩大对外生产性服务直接购买的规模（即跨境贸易），来促进制造业的技术进步，并通过提升我国制造业的规模效率来提升其技术效率，进而有利于其生产率的全面提升。由于跨境贸易溢出效应能够在当期迅速大幅地提升制造业的技术效率和技术进步，对那些急需改进其技术效率和实现技术升级的制造业，直接从国外购买所需的生产性服务无疑是值得考虑的见效快、作用大的捷径。

我国服务进口增速高于出口，服务贸易进口持续大于出口，贸易逆差呈进一步扩大态势。2013 年运输服务、专有权利使用费和特许费、保险服务领域存在较大数额逆差，逆差额分别为 769.2 亿美元、566.8 亿美元、201.5 亿美元和 181 亿美元。但服务贸易在我国总贸易中的比重低，2013 年该比例比南非和印度尼西亚还低，而生产性服务贸易仅占服务贸易的一半多一点，在总贸易中的比例就更低。因此，我国还是需要继续扩大生产性服务跨境贸易在总贸易中的比例，以充分发挥其溢出效应对我国制造业生产率全面而强大的影响力。另外，由于生产性服务具有高知识密集型和高技术密集型的特点，一般只有发达国家才会拥有高质量的生产性服务，我国在购买生产性服务时还需要将贸易对象国主要锁定在那些生产性服务业发达的国家和地区。

（二）继续扩大商业存在的规模

虽然在当期商业存在溢出效应对提升制造业全要素生产率的作用不如跨境贸易的作用大，但商业存在通过促进制造业技术进步来提升其全要素生产率的作用是非常显著的。商业存在溢出效应由于对提升制造业当期规模效率有反作用，导致其对制造业当前技术效率的提升产生了反作用，但其滞后一期对规模效率和技术效率的提升作用则非常显著且重要，说明商业存在当期对制造业产生的规模经济效应虽然不如跨境贸易明显，但其后续的影响更为重要。因此，我国应该更多地吸引和鼓励外商在生产性服务领域进行直接投资，以发挥商业存在对制造业当期技术进步的影响和对制造业规模效率的长远影响。

目前，全球FDI流入量一直呈被发达经济体和发展中经济体瓜分的局面，但从2012年起，发展中经济体吸引的FDI已经超过了发达经济体，亚洲继续成为FDI流入量最多的区域，显著高于欧盟，亚洲发展中国家已经成为FDI首选目的地。这说明发展中经济体对外资的吸引力越来越大。而在所有的发展中国家当中，中国又是最具吸引力的FDI流入地，自1992年起，中国已连续22年成为吸收外资最多的发展中国家，从1993年起，我国利用外资一直处于世界第二位（仅次于美国），到2013年，中国FDI流入量占全球FDI总量的8.5%，位居发展中国家之首，外商直接投资已成为我国经济腾飞的重要力量。这说明我国对外资具有非常大的吸引力，而且目前主要发达经济体表现不佳，对外资吸引力呈下降趋势，所以，我国应该抓住这个有利的时机，吸引更多的跨国公司来华投资，尤其是需要提升我国对那些外资流出量多的国家和地区的吸引力。2013年全球前20位最大投资国中有6个发展中经济体和转型经济体，占全球FDI流出总量的39%。这一方面说明我国可以加大对这些国家和地区的引资力度，但另一方面也说明，发达国家仍然是外资主要流出地，我国仍然需要将注意力重点放在生产性服务业发达的国家和地区。另外，鉴于服务业FDI有追随下游制造业FDI的特点，因此我国在吸引生产性服务业FDI方面应该重点关注那些制造业和服务业都同样发达的国家和地区，在吸引这些国家和地区对中国的制造业进行投资的同时，鼓励它们在我国相应的生产性服务业领域也进行直接投资。因为有些国家和地区虽然拥有很多富余资金，但由于没有发达的制造业的支撑而缺乏发达的生产性服务业。

（三）根据行业的性质和特点采取不同的措施

由于制造业和生产性服务业均存在行业异质性，所以生产性服务贸易的溢出效应对不同制造业的作用也有所不同；各类生产性服务的贸易对制造业的作用也各异，所以需要分行业区别对待。

1. 对不同的制造业采取不同的措施

生产性服务商业存在溢出效应当期对劳动密集型和资本密集型制造业TFP

提升作用大，但是对技术密集型制造业 TFP 是一种阻碍作用；跨境贸易对所有类型制造业 TFP 均有显著的促进作用。这揭示了对劳动密集型和资本密集型制造业来说，我国的生产性服务业引进外资对其当期生产率的提升具有重要作用；而直接从国外购买生产性服务（即跨境贸易）对所有类型制造业当期全要素生产率的提升都具有积极意义，具体的措施建议见表 7–1。

表 7–1 生产性服务贸易溢出效应对不同制造业 TFP 的影响及发展策略

生产性服务贸易类型 / 制造业类型	跨境贸易	商业存在	策略
劳动密集型	显著且大	显著且大	大力发展两种贸易
资本密集型	显著且大	显著且大	大力发展两种贸易
技术密集型	显著且大	不显著	大力发展跨境贸易

2. 对不同的生产性服务贸易采取不同的措施

（1）除了运输服务业，其他 4 类生产性服务业的商业存在对中国制造业 TFP 全部呈显著的推动作用，其中作用最大的分别是信息服务和其他商务服务。说明我国需要继续扩大这些领域的外商直接投资，但运输服务业的 FDI 无论是当期还是滞后一期，对提升制造业全要素生产率均无显著的影响，对该领域的外资引进需要慎重考虑。（2）除了信息服务，生产性服务各行业的跨境贸易对中国制造业 TFP 全部呈显著的推动作用，排在前三位的分别是运输、金融和科技服务。所以我国应该加大对这几类生产性服务直接购进的力度。（3）除了信息服务和其他商务服务业跨境贸易的作用小于商业存在以外，其他分行业跨境贸易的作用均远远大于各自的商业存在。此处具体的措施建议见表 7–2。

表 7–2 生产性服务分行业贸易对制造业 TFP 的作用及发展策略

作用 / 分类	跨境贸易	商业存在	发展策略
运输服务	显著且大	不显著	引入外资时需慎重
信息服务	不显著且小	显著且大	加大引资力度
金融服务	显著且大	显著但较小	重点发展跨境贸易
科技服务	显著且大	显著且大	同时发展两种贸易
其他商务服务	显著且大	显著且大	同时发展两种贸易

二、鼓励制造业服务外包的发展

第四章的实证研究表明，我国制造业的发展主要依赖的是物质投入，而不是服务投入，这是制造业和生产性服务业融合度低的主要原因，因此要想大力发展生产性服务贸易，就必须改变制造业对生产性服务需求低下的局面，而提升制造业对生产性服务的需求，前提就是要实现制造业与服务业的分离。我国很多企业都是“大而全，小而全”型的，企业所需要的生产性服务不是从外部购买，而是由企业自己提供，自我服务，这一方面增加了企业的生产成本，另一方面也限制了生产性服务业的市场化进程，阻碍了生产性服务业规模的扩张。很多生产性服务业企业业务少，难以实现规模经济效应，只能以较高的价格提供服务。这反过来又进一步促使制造业企业更倾向于在企业内部建立服务部门，长此以往，形成恶性循环。当然不排除有些制造业企业想主动外购生产性服务，但国内提供的生产性服务难以满足制造业企业的需要，而且受限于国家对服务贸易的限制又不能从国外服务提供商处购买的情况。所以，要想使制造业企业主动从外部购买所需的生产性服务，作者认为有关部门必须做到以下几点：

（一）大力宣传服务外包的重要性

通过各种渠道和媒体大力宣传生产性服务对制造业企业的作用，让企业认识到服务外包的好处。很多制造业企业之所以不肯外购生产性服务，主要考虑的问题就是外购服务的成本，认为企业自己提供服务更合适。所以宣传的重点应该是把生产性服务外包的全部好处都广而告之，让企业知道，应该不仅仅考虑外购服务的价格，还要考虑外购的生产性服务对于提升企业交易效率和企业核心竞争力的作用，使企业能够综合地考量付出的成本和获得的收益，让企业从心理上接受生产性服务外包是实现制造业与服务业进一步分离的前提和基础。

（二）激励制造业服务外包

采取措施鼓励制造业企业将不涉及企业机密的内设的生产性服务外包出去；对从国内外其他企业外购生产性服务的企业给予税收减免等优惠待遇；对与生产性服务业企业建立长期密切联系并取得良好效果的制造业企业进行奖励等。

（三）扶持生产性服务业的发展

企业是否愿意外购生产性服务，归根结底还是在于外购的生产性服务是否比企业自己提供的服务更便宜，以及企业在外购和消费服务企业提供的服务时是否方便和快捷，所以，大力发展我国的生产性服务业才是解决问题的根本所在。各级政府需要采取各种措施扶持那些有发展潜力、对提升制造业全要素生产率有重大作用的服务企业，减少各种限制，提供咨询、培训、指导等服务帮助它们迅速成长起来，以便尽快为制造业提供质优价廉的服务。

（四）引进外部服务的竞争

鉴于生产性服务贸易溢出效应对提升我国制造业 TFP 的强大作用，我国应扩大这种服务贸易的规模，一方面通过直接购买国外的服务，让国内的服务业感受到强大的竞争压力，增强其活力，淘汰落后企业，带动我国服务产业优化升级。同时，进一步放宽对外资的限制，鼓励跨国公司投资我国的生产性服务业，尤其是投资于高新技术产业，兴办资本技术密集型项目，鼓励跨国公司参与我国国有企业改革，转让先进技术和管理经验。通过人员流动、学习、竞争和模仿等渠道，充分发挥 FDI 对我国生产性服务业的溢出效应，从而直接和间接地提升我国生产性服务业的竞争力，为制造业获取更多更好的国产生产性服务打下良好的基础。

三、充分考虑各影响因素的作用

通过第六章对六大影响因素分析得出的结论，绝大部分因素要么是在当期，要么是在滞后期对生产性服务贸易前向技术溢出效应的发挥起到了推动的作用，所以必须要充分发挥这些影响因素的这种正向的推动作用，来最终推动中国制造业全要素生产率的提升。

（一）继续提升经济发展水平

放眼世界，服务贸易量大的国家往往也是经济发展水平高的国家，2013年，世界服务进出口排在前六位的国家分别是美国、德国、中国、英国、法国和日本，除了中国都是发达国家，世界第一大经济体美国排名居首，服务进出口总额 10997 亿美元，以较大优势领先其他国家。这说明经济发展到一定水平的国家，服务贸易也会得到相应的发展，而服务贸易的发展又会为一国经济的发展做出重要贡献，两者互相促进、互相依赖，形成良性互动发展的态势。前面的实证结果也显示我国的经济发展水平对两种形式的生产性服务贸易溢出效应均产生了显著的促进作用，因此，我国要想充分利用生产性服务贸易溢出效应来提升制造业全要素生产率就必须继续保持经济发展的良好势头，而不是相反。

（二）继续扩大对外开放

对影响因素的实证结果显示我国的经济开放程度对促进跨境贸易溢出效应的提升作用明显，这充分说明我们还需要继续扩大对外开放的力度，以进一步地促进跨境贸易对制造业溢出效应的发挥。对外开放在当期对商业存在溢出效应产生了较大的阻碍作用，但这并不能说明对外开放对商业存在不重要，因为其很可能存在正向的滞后效应。另外，根据第六章的数据，随着我国国际贸易总量的迅速扩大，我国的对外开放度却没能相应逐年提升（见表 6–2），这可能是对外开放度没能对商业存在溢出效应产生应有的促进作用的重要原因之一，因此我国还应继续扩大对外开放，逐步放宽对外资以及外部产品准入的门槛，尤其是加大服务业的市场准入，加大对我国金融、网络、银行、保险等资本、技术密集型的垄断性的生产性服务部门的开放，提高透明度，逐步形成公开、透明、全行业统一的市场准入制度。

（三）继续提升我国的市场化水平

虽然市场化水平显著阻碍了商业存在的溢出效应，对跨境贸易溢出效应呈阻碍作用但关系不显著，但其滞后一期对商业存在和跨境贸易均产生了显著的正向推动作用。这意味着我们应该继续提高市场化水平，虽然市场化水平的提升在短期内会因为一些企业为了垄断利益而阻止技术外溢，但从长远的角度来看，我国还应继续加大市场化程度，以充分减少垄断行业及企业的数量，让企业在竞争日益激烈的市场上公开透明地竞争，使国内外的企业产生足够的动力和压力将主要精力放在主动地学习、模仿和创新上，生产技术的不断推陈出新必将会加大对生产性服务贸易溢出效应的发挥。

（四）继续扩大教育，提升人力资本水平

生产性服务高知识密集型的特点，决定了人力资本的多少是影响一国吸收和模仿能力的强弱、决定生产性服务溢出效应大小的决定因素，但第六章的实证结果却显示我国的人力资本水平显著地阻碍了商业存在溢出效应的发挥，对跨境贸易也呈不显著的阻碍作用，说明我国虽然具有劳动力资源丰富的优势，但不具有人力资本优势，因为人力资本是需要投入大量的财力和时间才能培养出来的。这使得我国服务业发展水平一直处于低端，极大地影响了我国对外来技术溢出效应的吸收。因此，我国必须继续加大教育投资力度，一方面要继续加强生产性服务业专业人才的教育和培养，为生产性服务业提供充足的人力资本储备，这是我国生产性服务业发展的基础，同时，还应有侧重地重点培养适应现代服务业发展要求的各类高级人才，改变我国生产性服务业人才保有集中在低端的局面。另一方面，要继续扩大普通教育和各类职业教育，为制造业提供充足的人力资本。因为生产性服务作为制造业重要的中间投入，制造业部门的人力资本的数量和质量也会极大地影响生产性服务在制造业部门中作用的发挥，所以，也需要加强对制造业的人力资本的培养。

（五）加大研发投入，提升研发水平

基础创新是技术进步的基础，模仿创新同样是推动技术进步和技术效率改善的主要途径，也是提升对外来技术吸收能力的关键。第六章实证的结果显示研发与商业存在呈不显著的负相关关系，与跨境贸易呈显著的负相关关系，但其滞后提升效应有改善的趋势。所以我国仍然需要加大对研发的投入力度，因为与人力资本类似，科研投入的增加，包括人力和物力的增加，一方面相当于提升了生产中资本的强度，另一方面，能够增强对外来的生产性服务产品的吸收和模仿能力，这些都能够促进制造业生产率的全面提升。我国的研发水平仍然较低，研发人员研发效率低下、研发投入仍然不足，必然会影响到制造业生产率的提升。因此，政府必须采用多种方式，通过多种渠道激励企业的研发行为，同时，应加强对政府研发投入使用的监管，确保研发投入达到应有的理想效果，以免造成不必要的浪费。

（六）继续推进金融业的发展

一国的金融越发达、金融结构越优化，资源配置的效率和风险分担的体系就越合理，进而能较好地促进技术创新与技术进步，即金融的发展可以提升一国的全要素生产率。金融市场能通过发达的金融体系将各种资源转化为各种投资来促进技术创新与进步。实证的结果显示金融发展程度在当期对商业存在溢出效应的提升呈显著的促进作用，对跨境贸易呈显著的阻碍作用，但这种阻碍作用在滞后期存在减少的趋势。这说明我国的金融发展水平对生产性服务贸易的前向技术溢出效应的发挥意义重大。发达的金融体系对 FDI 和国际贸易的技术扩散会产生正的效应，原因是金融发展降低了企业的融资成本，使得企业在学习、模仿和创新时能够很容易地获得金融支持，有利于企业更好地抓住市场机会，扩大生产规模，提升生产要素的利用率，从而有利于技术的扩散、转移和进一步的创新，即：一个良好的金融体系能将社会资金从低效率向高效率的投资转化。而我国的金融与发达国家相比还存在很大的差距，还不能充分发挥在经济中应有的促进作用，因此我国的金融业还有待继续深化改革。

第四节　存在的不足及未来的研究展望

一、测算制造业全要素生产率的指标的统一问题

因为生产率是一种投入产出关系，所以用来测算全要素生产率的产出指标用制造业增加值来表示较为合理，但这个指标的值在《中国统计年鉴》中的统计并不连续，所以难以使用。使用投入产出表中的增加值数据也同样存在问题，一方面每个投入产出表之间的时间跨度比较大，另一方面测算全要素生产率的两个投入指标在其中也无法获得。因此，如何找到一个能将增加值指标和两个投入指标协调起来的方法，是未来值得研究的问题。

二、生产性服务贸易溢出效应的衡量细化问题

生产性服务贸易溢出效应对制造业全要素生产率的影响，可以继续分成直接效应和间接效应以及经由不同渠道的溢出效应的影响，本书因为数据可获得性受到篇幅的限制，未能对其一一分析，可作为未来研究的方向。

参考文献

[1]A. M. Fernandes, C. Paunov. Service FDI and Manufacturing Productivity Growth: There is a Link[J]. World Bank Working Paper, 2008.

[2]Aghion, P., and P. Howitt. A Model of Growth through Creative Destruction, Econometrica, 1992, 60（2）: 323-351.

[3]Aitken, B1, Gordon, H1 and Harrison, A1E1. Spillovers, Foreign Investment, and Export Behavior[J]. Journal of International Economics, 1997, 43: 103-1321.

[4]Albert, M.G. Regional Technical Efficiency: A Stochastic Frontier Approach[J]. Applied Economics Letters, 1998（5）:723-726.

[5]Andersson, M. Co-location of Manufacturing & Producer Services A Simultaneous Equation Approach[J]. Working Paper, 2004. http: //www. infrakthse /cesis /research /workpaphtm.

[6]Arnold, J., Javorcik B., Lipscomb, M., and A.Mattoo. Services Reform and Manufacturing Performance: Evidence from India [R].World Bank, mimeo, 2008.

[7]Banker, R.D., Charnes, A., Cooper, W. W.Some Models for Estimating Technical and Scale Inefficiencies in Data Envelopment Analysis[J].Management Science, 1984（30）: 1078-1092.

[8]Barrios S1, Gorg H1 and Strobl E1, Explaining Firms. Export Behaviour: R&D, Spillovers and the Destination Market[J]. Oxford Bulletin of Economics and Statistics, 2003, 65（4）: 475-4961.

[9]Barro, R. J., Sala-i-Martin X. Economic Growth [M]. New York: McGraw-Hill, 1995.

[10]Blalock, G1. Technology from Foreign Direct Investment: Strategic Transfer through Supplies Chain [J]. Part of Doctoral Research at Haas School of Business, University of California, Berkeley120011.

[11]Blomström, M1and Kokko, A1, Multinational Corporations and Spillovers[J]. Journal of Economic Surveys, 1998, 12: 1-311.

[12]Borensztein E, De Gregorio J, Lee JW. How does foreign direct investment affect economic growth[J]. Journal of International Economies, 1998, v45（1, Jun）: 115-135.

[13]Cameron, G., J. Proudman, and J. Redding, Openness and Its Association with Productivity Growth in UK Manufacturing Industry [J]. Bank of England Working Papers, 1999, No.104.

[14]Caves, R.Multinational Firms, Competition and Productivity in Host Country Markets [J]. Eeonomica, 1974: 41.

[15]Changsuh Park. R&D, Trade and Productivity Growth in Korean Manufacturing [J]. Weltwirtschaftliches Archiv, 2003, 139（3）: 460—4831.

[16]Clerides, S1K1, Lach, S and Tybout, J1R1. Is learning by exporting important? Micro-dynamic evidence from Colombia, Mexico and Morocco [J]. Quarterly Journal of Economics, 1998, 113(3): 903-948.

[17]Coe, D1T and Helpman E1, International R&D spillovers [J]. European Economic Review, 1995, 39: 859-8871.

[18]Coe. D1T1, E1Helpman and Hoffmaister. North-South R&D Spillovers [J]. European Economic Review, 1997, 107: 134-149.

[19]Coelli, T., Prasada Rao, D.S., Battese, G.E. An Introduction to Efficiency and Productivity Analysis [M].Kluwer Academic Publishers, 1998.

[20]Coelli T. A guide to DEAP version2.1: A Data Envelopment Analysis (computer) Program [EB/OL]. http://www.owlnet.rice.edu/~econ380/DEAP.PDF.html.

[21]Coffey W J. Forward & backward linkages of producer service establishments: Evidence from the Montreal metropolitan area [J]. Urban geography, 1991 (17):22-26.

[22]Cordero-Ferrera Jos é Manuel, Crespo-Cebada Eva, Murillo-Zamorano Luis R. Measuring Technical Efficiency in Primary Health Care: the Effect of Exogenous Variables on Results[J]. Journal of Medical Systems, 2010, 35 (4).

[23]Delgado, M1, Farinas, J and Ruano, S1, Firm Productivity and Export Markets: A Non-Parametric Approach[J]. Journal of International Economics, 2002, 57(2): 397-4221.

[24]Dries, L1and Swinnen, J1F1M1, Foreign Direct Investment, Vertical Integration, and Local Suppliers: Evidence from the Polish Dairy Sector[J]. World Development, 2004, 32: 1525-1544.

[25]Driffield, N, Max Munday and Annette Roberts. Foreign Direct Investment, transactions Linkage and the Performance of the Domestic Sector[J]. International Journal of the Economics of Business, 2002, 9: 335-3511.

[26]E. Jr. Lucas Robert. On the Mechanics of Economic Development [J]. Journal of Monetary Economics, 1988 (22):3-42.

[27]Eaton, J and Kortum, S1, Trade in Ideas: Patenting and Productivity in the OECD[J]. Journal of International Economics, 1996, 40: 251-2781.

[28]Edwards, S.. Openness, Productivity and Growth: What Do We Really Know?[J]. Economic Journal, 1998, 108 (447): 383-398.

[29]Fare, R., S. Grosskopf, M. Norris, Z. Zhang. Productivity Growth, Technical Progress and Efficiency Changes in Industrialized Countries [J]. American Economic Review, 1994 (84): 69-82.

[30]Fernandes, A.M., Paunov, C. Service FDI and Manufacturing Productivity Growth: There is a Link[R].Working Paper, World Bank.2008.

[31]Findlay, R. Some Aspects of Technology Transfer and Direct Foreign Investment [J]. American Economic Review, 1978, 68 (2): 275–279.

[32]Francis, J. and J. Wberz. Producer Services, Manufacturing Linkages, and Trade[R].Tinbergen Institute Discussion Paper No.045/2.2007.

[33]Francois J F. Trade in Producer Services and Returns Due to Specialization under Monopolistic[J]. Canadian Journal of Economies, 1990, vol.23, issuel, 109–124.

[34]Girma S. Absorptive Capacity and Productivity Spillovers from FDI: A Threshold Regression Analysis [J]. Oxford Bulletin of Economies and Statistics, Volume 67, Issue 3, 281–306, June 2005.

[35]Gorg H, Strobl E. Multinational Companies and Productivity Spillovers: A Meta–Analysis[J]. Economic Journal, 2001 (11).

[36]Hsieh, Chang–Tai and Klenow, Peter J. Misallocation and Manufacturing TFP in China and India[J]. Quarterly Journal of Economics, 2009, 124 (4): 1403—1448.

[37]Hymer S H. The international operations of national firms: a study of direct foreign investment [D]. Massaehusetts Institute of Technology, Dept. of Economics, 1960.

[38]J. Arnold, B. Javorcik, M. Lipscomb, and A. Mattoo, Services Reform and Manufacturing Performance: Evidence from India[J].The Economic Jeournal,2016 (2) :1–39.

[39]J. Francois, and J. Woerz, Producer Services, Manufacturing Linkages, and Trade[J].Journal of Industry, Competition and Trade, 2008 (12) :199–299. Tinbergen Institute Discussion Paper, No. 045/2, 2007.

[40]Javorcik, B. Does Foreign Direct Investment Increase The Productivity of Domestic Firms? In Search of Spillovers through Backward Linkages [J]. American Economic Review, 2004, 94 (3).

[41]Jones, Ronald, Kierzkowski, Henry. The Role of Services in Production and International Trade: A Theoretical Framework[C].The Political Economy of International Trade: Festschrift in Honor of Robert Baldwin, Basil Blackwell: Oxford, 1990: 256–288.

[42]Karaomerioglu, Bo Carlsson. Manufacturing in Decline? A Matter of Definition[J]. Economy, Innovation, New Technology, 1999 (8): 175–196.

[43]Kokko A. Foreign direct investment, host country characteristics, and spillovers[R].The Economic Research Institute, Stoeltholm, 1992.

[44]Konan, D. and K.Maskus. Quantifying the Impact of Services Liberalization in a Developing Country[J]. Journal of Development Economies, 2006 (81): 142–162.

[45]L. Alfaro. Foreign Direct Investment and Growth: Does the Sector Matter? http://www.51lunwen.org/UploadFile/org201101310901063260/20110131090106459.pdf. 2003.

[46]Lombard, J. R. Foreign Direct Investment in Producer Services: the Role and Impact upon the Economic Growth and Development of Singapore[D].Doctorate Dissertation of State University of New York at Buffalo.1990.

[47]Lundvall BA, Borras S. The Globalizing Learning Economy: Implication for Innovation Policy[R]. Report prepared under the TSER Program, DGXII. Luxembourg: Commission of the European Union, 1998.

[48]Markusen, J., Rutherford, T., and D. Tarr. Trade and Direcet Investment in Producer Services and the Domestic Market for Expertise[J]. Canadian Journal of Economics, 2005（38）: 758–777.

[49]Markusen. J. R. Trade in Producer Services and in Other Specialized Intermediate Inputs [J]. The American Economies Review, 1989（1）: 85–95.

[50]Marrewijk, Vaal. Producer services, comparative advantage and international trade patterns [J]. Journal of International Economics, 1997（12）: 195–220.

[51]Mattoo, A., Rathindran, R. and A. Subramanian. Measuring Services Trade Liberalization and Its Impacton Economic Growth: An Illustration [J]. Journal of Economic Integration, 2006（21）: 64–98.

[52]Mirodout, S. The Linkages between Open Services Markets and Technology Transfer[R].OECD Trade Policy Working Paper No. 29, 2006.

[53]Mucchielli, J., Jabbour, L Technology Transfer through Backward Unkages: The Case of the Spanish Manufacturing Industry[R].Working Paper, University of Paris Pantheon–Sorbonne and TEAM–CNRS, 2006.

[54]Nadia Doytch and Merih Uctum. Does the Worldwide Shift of FDI from Manufacturing to Services Accelerate Economic Growth? AGMM Estimation Study[J]. Journal of International Money and Finance, 2011: 14.

[55]Pappas N, P Sheehan. The new manufacturing: linkages between Production and service activities [Z]. Working for the Future: Technology and Employment in the Global Knowledge Eeonomy, 1998.

[56]Park SH, KS Chan. A Cross–country Input Output Analysis of Intersectoral Relationships Between Manufacturing and Service and Their Employment Implications[J]. World Development, 1989, 17（2）: 199–212.

[57]Robert Pollin and Dean Baker. Reindustrializing America: A Proposal for Revising U. S. Manufacturing and Creating Millions of Good Jobs[J]. New Labor Forum, 2010, 19（2）: 17–34.

[58]Romer, P. Endogenous Technological Change [J]. Journal of Political Economy, 1990, 98 : 71–102.

[59]Romer, P. Two strategies for economic development: using ideas and producing ideas[J].The World Bank Economic Review, 1992（12）: 63–91.

[60]Rowthorn R，R Ramaswamy. Growth，Trade and Deindustrialization[J]. IMF Staff Papers，1999，46（1）:18–41.

[61]Smar Zynska B. Spillovers from Foreign Direct Investment through Backward Linkages: Does Technology Gap Matter? [R].World Bank，mimeo，2002.

[62]Solow，Robert M. A contribution to the theory of economic growth[J].The Quarterly Journal of Economies，1956，Vol.70：65–94.

[63]UNCTAD. Word Investment Report. The Shift Towards Services[R]. New York and Geneva，2004.

[64]Wu Yanrui. Openness，Productivity and Growth in the APEC Economies[J]. Empirical Economics，2004，29（3）：593–604.

[65] 宾建成 . 欧美再工业化趋势分析及政策建议 [J]. 国际贸易，2011（2）：23–25.

[66] 陈静，雷厉．中国制造业的生产率增长、技术进步与技术效率——基于 DEA 的实证分析 [J]．当代经济科学，2010，32（4）：83–89.

[67] 陈宪．国际服务贸易：原理・政策・产业 [M]．上海：立信会计出版社，2005：128–146.

[68] 程大中 . 中国生产者服务业的增长、结构变化及其影响 [J]．财贸经济，2006（10）.

[69] 程大中，陈宪．构筑生产性服务的比较优势：中国生产性服务的发展与开放 [J]．上海经济研究，2001（12）：21–30.

[70] 程大中．生产者服务论——兼论中国服务业发展与开放 [M]．上海：文汇出版社，2006：189–199 .

[71] 崔国平．中国制造业技术效率变化及其决定因素：1996—2005[J]．工业技术经济，2009（28）：82–86.

[72] 崔日明，张志明 . 服务贸易与中国服务业技术效率提升——基于行业面板数据的实证研究 [J]. 国际贸易问题，2013（10）:90–101.

[73] 樊秀峰，韩亚峰 . 生产性服务贸易对制造业生产效率影响的实证研究——基于价值链视角 [J]. 国际经贸探索，2012（5）.

[74] 方慧 . 服务贸易技术溢出的实证研究——基于中国 1991—2006 年数据 [J]. 世界经济研究，2009，3：49–88.

[75] 冯会娟 . 进口贸易技术溢出与中国全要素生产率的实证研究 [J]. 广西社会科学，2012，8：58–62.

[76] 符宁 . 人力资本、研发强度与进口贸易技术溢出——基于我国吸收能力的实证研究 [J]. 世界经济研究，2007（11）：37–87.

[77] 顾国达，周蕾 . 全球价值链角度下我国生产性服务贸易的发展水平研究——基于投入产出方法 [J]. 国际贸易问题，2010（5）:61–69.

[78] 顾乃华，李江帆. 中国服务业技术效率区域差异的实证分析 [J]. 经济研究，2006（1）：46–56.

[79] 顾乃华，毕斗斗，任旺兵 . 中国转型期生产性服务业发展与制造业竞争力关系研究——基于面板数据的实证分析 [J]. 中国工业经济，2006（9）.

[80] 顾乃华 . 我国服务业发展的效率特征及其影响因素——基于 DEA 方法的实证研究 [J]. 财贸研究，2008（4）.

[81] 郭英 . 人力资本影响我国 FDI 技术转移的效应分析 [J]. 世界经济研究，2007（2）.

[82] 韩德超 . 生产性服务业 FDI 对工业企业效率影响研究 [J]. 统计研究，2011（2）.

[83] 何元庆 . 对外开放与 TFP 增长：基于中国省际面板数据的经验研究 [J] 经济学（季刊）,2007(7)：1128–1142.

[84][加] 赫伯特·G. 格鲁伯，迈克尔·沃克. 服务业的增长：原因与影响 [M]. 上海：上海三联书店，1993：46–58.

[85] 黄建忠. 服务贸易评论 [M]. 厦门：厦门大学出版社，2010：85–96.

[86] 黄卫平，方石玉 . 生产者服务业外商直接投资与中国经济增长的实证分析 [J]. 当代财经，2008(4).

[87] 黄勇峰，任若恩. 中国制造业资本存量永续盘存法估计 [J]. 经济学（季刊），2002（2）.

[88] 江静，刘志彪，于明超. 生产性服务发展与制造业效率提升：基于制造业生产分割框架的探析 [J]. 世界经济，2007（2）：23–26.

[89] 江静，刘志彪，于明超 . 生产者服务业发展与制造业效率提升：基于地区和行业面板数据的经验分析 [J]. 世界经济，2007（8）：53–62.

[90] 江小涓 . 服务全球化与服务外包：现状、趋势及理论分析 [M]. 北京：人民出版社，2008.

[91] 蒋昭乙. 服务贸易与中国经济增长影响机制实证研究 [J]. 国际贸易问题，2008（3）：71–78.

[92] 科埃利，拉奥 . 效率与生产率分析引论（第二版）[M]. 北京：中国人民大学出版社，2008.

[93] 李春顶. 中国制造业行业生产率的变动及影响因素——基于 DEA 技术的 1998—2007 年行业面板数据分析 [J]. 数量经济技术经济研究，2009（12）：58–69.

[94] 李丹. 服务贸易结构优化 [D]. 博士学位论文，辽宁大学，2010.

[95] 李丹 . 美国再工业化战略对我国制造业的多层级影响与对策 [J]. 国际经贸探索，2013（6）：4–14.

[96] 李梅，柳士昌 . 对外直接投资逆向技术溢出的地区差异和门槛效应——基于中国省际面板数据的门槛回归分析 [J]. 管理世界，2012（1）：21–66.

[97] 李鹏飞 . 后危机时代中国制造业的转型和升级 [D]. 硕士学位论文，上海外国语大学，2014.

[98] 李善同，吴三忙，何建武，等 . 入市 10 年中国经济发展回顾及前景展望 [J]. 北京理工大学学报（社会科学版），2012（6）：1–7.

[99] 李善同. 中国生产者服务业发展与制造业升级 [M]. 上海：上海三联书店，2008：142–156.

[100] 李霞，唐丁祥，柯小为. 我国人力资本与生产性服务贸易竞争力相关性研究——基于行业角度的实证分析 [J]. 管理评论，2010（5）：56–62.

[101] 李小平，卢现祥，朱钟棣. 国际贸易、技术进步和中国工业行业的生产率增长 [J]. 经济学（季刊），2008（2）.

[102] 李晓青，宋治涛 . 国外服务业理论研究述评 [J]. 经济论坛，2010（8）.

[103] 刘书瀚，贾根良，刘小军. 出口导向型经济：我国生产性服务业落后的根源与对策 [J]. 经济社会体制比较，2011（6）：14–16.

[104] 刘舜佳. 国际贸易、FDI 和中国全要素生产率下降 [J]. 数量经济技术经济研究，2008（11）.

[105] 刘艳. 中国服务贸易进口技术溢出效应的实证研究：1985—2008 [J]. 兰州学刊，2010.

[106] 刘艳 . 服务业 FDI 的前向关联和中国制造业生产率增长——基于行业面板数据的实证分析 [J]. 世界贸易组织动态与研究，2013（5）：70–78.

[107] 刘志彪 . 全球化背景下中国制造业升级的路径与品牌战略 [J]. 财经问题研究，2005（5）.

[108] 吕政，刘勇，王钦. 中国生产性服务业发展的战略选择：基于产业互动的研究视角 [J]. 中国工业经济，2006（8）：5–12.

[109] 罗雨泽，朱善利，陈玉宇，等. 外商直接投资的空间外溢效应：对中国区域企业生产率影响的经验检验 [J]. 经济学（季刊），2008，7（2）：587–620.

[110][美] D. 梅多斯，等 . 增长的极限 [M]. 于树生，译 . 北京：商务印书馆，1984.

[111] 白重恩，谢长泰，钱颖一. 中国的资本回报率 [M]. 北京：中信出版社，2007.

[112][美] 钱纳里，鲁滨逊，塞尔奎因. 工业化和经济增长的比较研究 [M]. 上海：上海人民出版社，1995：89–106.

[113] 毛丽莉，杨明皓. 中国生产性服务贸易发展研究 [J]. 现代商贸工业，2012（3）：28–29.

[114] 毛日昇，魏浩. 所有权特征、技术密集度与 FDI 技术效率外溢 [J]. 管理世界，2007（10）：31–42.

[115] 蒙英华，黄宁 . 中美服务贸易与制造业效率——基于行业面板数据的考察 [J]. 财贸经济，2010（12）：96–103.

[116] 蒙英华，尹翔硕 . 生产者服务贸易与中国制造业效率提升——基于行业面板数据的考察 [J]. 世界经济研究，2010（7）：38–45.

[117] 聂聆，骆晓婷. “金砖四国”生产性服务贸易结构与竞争力研究 [J]. 中央财经大学学报，2011（3）：67–72.

[118] 牛泽东，张倩肖. 中国装备制造业的技术创新效率 [J]. 数量经济技术经济研究，2012（11）：52–67.

[119] 邱爱莲，崔日明，徐晓龙 . 生产性服务贸易对中国制造业全要素生产率提升的影响：机理及

实证研究——基于价值链规模经济效应角度 [J]. 国际贸易问题，2014（6）：71-80.

[120] 邱爱莲，崔日明 . 生产性服务贸易对中国制造业 TFP 提升的影响：机理与实证研究——基于面板数据和分行业进口的角度 [J]. 国际经贸探索，2014（10）：28-38.

[121] 邱爱莲，崔日明，逄红梅 . 生产性服务进口贸易前向溢出效应对中国制造业 TFP 的影响——基于制造业行业要素密集度差异的角度 [J]. 国际商务，2016（5）：41-51.

[122] 邱斌，杨帅，辛培江 .FDI 技术溢出渠道与中国制造业生产率增长研究：基于面板数据的分析 [J]. 世界经济，2005（5）.

[123] 任会利，刘辉煌. 生产性服务贸易对制造业国际竞争力的影响研究——基于中国的实证分析：1982—2008[J]. 技术与创新管理，2010（5）：26-33.

[124] 尚涛，陶蕴芳. 中国生产性服务贸易开放与制造业国际竞争力关系研究——基于脉冲响应函数方法的分析 [J]. 世界经济研究，2009（5）：52-58.

[125] 尚豫新，祝宏辉 . 1978-2007 年中国 TFP 的估算和分析——基于 DEA-Malmquist 生产率指数法 [J]. 石河子大学学报（哲学社会科学版），2010（2）：44-48.

[126] 申玉铭，邱灵. 中国生产性服务业产业关联效应分析 [J]. 地理学报，2007（8）：821-830.

[127] 谭辉. 生产性服务贸易开放对我国制造业生产率作用研究 [J]. 现代商贸工业，2010（07）：32-35.

[128] 唐保庆，陈志和，杨继军 . 服务贸易进口是否带来国外 R&D 溢出效应 [J]. 数量经济技术经济研究，2011（5）.

[129] 汪素芹，孙燕. 中国生产性服务贸易发展及其结构分析 [J]. 商业经济与管理，2008（11）：62-67.

[130] 汪应洛. 创新服务型制造业，优化产业结构 [J]. 管理工程学报，2010（10）：48-52.

[131] 王滨. FDI 技术溢出、技术进步与技术效率——基于中国制造业 1999—2007 年面板数据的经验研究 [J]. 数量经济技术经济研究，2010（2）：93-103.

[132] 王超铧. 提升中国生产性服务贸易竞争力的对策建议 [J]. 商业经济，2010（1）：105-107.

[133] 王瑞. 我国生产性服务业发展过程、问题与对策研究 [J]. 国际商务（对外经济贸易大学学报），2011（2）：26-29.

[134] 王欣. 我国装备制造全要素生产率测度 [D]. 博士学位论文，西南财经大学，2010.

[135] 吴磊，吴启迪. 基于 SEM 的生产性服务质量关键影响因素 [J]. 系统管理学报，2011（2）：213-217.

[136] 熊灵，魏伟，杨勇 . 贸易开放对中国区域增长的空间效应研究：1987—2009 [J]. 经济学（季刊），2012，11（3）.

[137] 熊宇 . 承接生产者服务业外包对制造业升级的促进——基于全球价值链视角 [J]. 国际经贸探

索，2011（5）：4-10.

[138] 杨小凯，张永生 . 新兴古典经济学和超边际分析 [M]. 北京：中国人民大学出版社，2000 .

[139] 杨玉英．中国生产性服务业发展战略 [M]．北京：经济科学出版社，2010：25-46.

[140] 姚伟峰 . 中国经济增长中的效率变化及其影响因素实证研究 [M]．中国经济出版社，2007：13-14.

[141] 姚星．服务贸易促进经济增长的机制研究 [D]．博士学位论文，西南财经大学，2009.

[142] 殷凤，陈宪．国际服务贸易影响因素与我国服务贸易国际竞争力研究 [J]．国际贸易问题，2009（25）：45-49.

[143] 殷凤 . 中国制造业与服务业双向溢出效应的实证分析 [J]. 上海大学学报（社会科学版），2011（1）：91-101.

[144] 于春海 . 我国制造业增长的外部条件是否发生了变化 [J]. 国际贸易，2014（2）：20-24.

[145] 余道先，刘海云 . 中国生产性服务贸易结构与贸易竞争力分析 [J]. 世界经济研究，2010（2）：49-88.

[146] 张洁．中国生产性服务贸易的结构和贸易竞争力分析 [J]．经营管理者，2010（21）：69.

[147] 张捷，周雷．国际分工对产业结构演进的影响及其对我国的启示——基于新兴工业化国家跨国面板数据的经验分析 [J]．国际贸易问题，2012（1）：38-49.

[148] 张楠．服务贸易自由化的经济增长效应研究：日本案例 [D]．博士学位论文，辽宁大学，2011.

[149] 郑春霞，陈漓高．国际分工深化中生产性服务贸易的增长及对我国的启示 [J]．世界经济研究，2007（1）：23-27.

[150] 郑辉．服务贸易与经济增长研究 [D]．博士学位论文，暨南大学，2009.

[151] 郑京海，胡鞍钢 . 中国改革时期省际生产率增长变化的实证分析:1979—2001[J]．经济学（季刊），2005（2）：263-296.

[152] 朱福林．中国服务贸易外溢效应研究 [D]．博士学位论文，中国社会科学院研究生院，2011.

[153] 朱晓青．生产性服务业的界定及其发展条件探讨 [J]．政策研究，2008（6）：30-33.